Larissa MacFarquhar
Michael Haupt
Wer ist Noam Chomsky?

EUROPA
VERLAG

WER IST
NOAM CHOMSKY?

LARISSA MACFARQUHAR
DES TEUFELS BUCHHALTER

MICHAEL HAUPT
**»DIE WAHRHEIT VON DEN
DÄCHERN SCHREIEN«:
CHOMSKY UND DIE POLITIK**

Europa Verlag
Hamburg · Wien

Der Originaltext von Larissa MacFarquhar »The Devil's Accountant« wurde im März 2003 in »The New Yorker« veröffentlicht und von Michael Haupt ins Deutsche übersetzt. Zusätze in eckigen Klammern stammen vom Übersetzer.

Erstausgabe
© Europa Verlag GmbH Hamburg, September 2003
Umschlaggestaltung: Kathrin Steigerwald, Hamburg
Foto: Donna Coveney, MIT
Druck und Bindung: GGP Media, Pößneck
ISBN 3-203-76018-5

Informationen über unser Programm erhalten Sie beim
Europa Verlag, Neuer Wall 10, 20354 Hamburg,
oder unter www.europaverlag.de.

INHALT

Zu diesem Buch 7

Larissa MacFarquhar
Des Teufels Buchhalter 11

Michael Haupt
»Die Wahrheit von den Dächern schreien«:
Chomsky und die Politik 65

Bibliographie 131

ZU DIESEM BUCH

Kurz vor seinem 75. Geburtstag ist Noam Chomsky, einer der bedeutendsten und meistzitierten Gelehrten des 20. Jahrhunderts, als kritischer Analytiker der US-Politik und ihrer Vertreter populärer denn je – doppelter Grund also, ihm einen Band zu widmen, der nach Inhalt und Umfang keine umfassende kritische Würdigung seines Werks sein kann und will, sondern einige Schlaglichter auf die Persönlichkeit werfen möchte, die sich hinter der beeindruckenden Phalanx ihrer linguistischen und politischen Publikationen verbirgt.

Nicht, daß Chomsky kein Mann der Öffentlichkeit wäre: Die unzähligen Interviews, die er in den letzten Jahren gegeben, die vielen Vorträge, die er, oft vor tausendköpfigem Publikum, gehalten hat, weisen ihn als engagierten Intellektuellen aus, der, wie Jean-Paul Sartre, Bertrand Russell oder Jürgen Habermas, keine Scheu hat, jenseits der akademischen Gefilde in die politischen Tagesdebatten einzugreifen und unmißverständlich Position zu beziehen. Dabei ist er kein Medienstar, kein glänzender Redner; er legt Wert darauf, seine Zuhörer durch das zu beeindrucken, was er, nicht, wie er es sagt.

Auch in seinen Büchern und Aufsätzen tritt er als schreibendes Subjekt hinter die sorgfältig aufgetürmten Barrikaden seiner Sätze zurück – als wollte er, aller Öffentlichkeit zum Trotz, Descartes' Grundsatz, daß gut lebe, wer gut sich verborgen halte, auf ganz eigene, paradoxe Weise beherzigen. Noch anders zeigt sich seine Janusköpfigkeit in dem bemerkenswerten, von ihm selbst immer wieder bekräftigten Umstand, daß sich zwischen dem linguistischen, streng wissenschaftlichen Kriterien verpflichteten Forscher Chomsky und dem politischen Kritiker, der sozialwissenschaftliche Theorien mit äußerstem Mißtrauen betrachtet, keine Brücke schlagen läßt. Indes betreibt Chomsky beide Tätigkeiten mit großem Ernst und bisweilen atemberaubender Rücksichtslosigkeit auch sich selbst gegenüber. Vieles an ihm ist ein Rätsel, das nicht zu lösen, aber zu beleuchten die beiden Beiträge dieses Bandes anstreben.

In umfassender Weise widmet sich Larissa MacFarquhar diesem Thema. Ihr Essay *Des Teufels Buchhalter*, zuerst unter dem Titel *The Devil's Accountant* im *New Yorker* erschienen, zeichnet ein durchaus kritisches Bild des Sprachwissenschaftlers und politischen Aktivisten. MacFarquhar hat Chomsky bei seinen Seminaren und Vorträgen zugehört, ihn in seinem Büro am MIT besucht, Gespräche mit seiner Frau Carol, mit Anhängern und Gegnern geführt, und seinen doppelten Werdegang – als Revolutionär in der Linguistik wie als gefeierten und angefeindeten Kritiker der Vereinigten Staaten – verfolgt.

Entstanden ist dabei kein rosafarbenes Heldenbild und auch kein Schwarzweißnegativ eines verbissenen Anti-Amerikaners, sondern das differenzierte Porträt eines linken jüdischen Intellektuellen, dessen politische Überzeugungen sich früh geformt hatten, der aber andererseits bereit war, die von ihm entwickelten linguistischen Theorien, wenn er sie nicht mehr für richtig hielt, ohne Rücksicht auf Verluste zu verwerfen, um etwas Neues zu beginnen.

Sachlichkeit vor allem – und das starke moralische Empfinden, seine Pflicht tun zu müssen, wenn die eigene Regierung Verbrechen begeht, die der Öffentlichkeit verschwiegen werden, sind die Triebfedern seines Denkens und Handelns. Als Linguist und Sprachphilosoph hat er in den USA und weit darüber hinaus Geltung erlangt, als radikaler Kritiker und libertärer Anarchist »nur« weit darüber hinaus.

Gilt der politische Prophet (als den Chomsky sich indes nicht versteht) wenig im eigenen Land, so ist er im »alten Europa« letzthin zu einer Kult- und Leitfigur der lange Zeit heimatlosen Linken geworden. Warum so spät und warum so nachdrücklich? Diese Fragen nimmt der Beitrag von Michael Haupt zum Anlaß, sich mit den politischen Schriften Chomskys auseinanderzusetzen. Chomskys Erfolg lasse sich, so Haupt, wesentlich auf zwei Momente zurückführen: zum einen auf die seit dem Zerfall des sozialistischen Systems veränderten globalpolitischen Bedingungen, zum anderen auf Chomskys nüchterne Leidenschaft, mit der er den Anhängern neuer sozialer Bewegungen wie *Attac* dazu verhilft, das Ausmaß einer Macht zu begreifen, die, wie der Irak-Krieg gezeigt hat, willens und fähig ist, auch ohne Beihilfe internationaler Organisationen weltweit zu agieren.

Diese nüchterne Leidenschaft, die Tatsachen, nicht Theorien bevorzugt, prägt Stil und Inhalt seiner Werke gleichermaßen. Chomsky schreibt, von sarkastischen Invektiven und Provokationen abgesehen, sachlich bis zur Selbstverleugnung, detailbesessen, tatsachenfreudig und reichert seine Sätze mit zahllosen Zitaten aus Fachliteratur,

Journalen und Zeitungen an. Doch ist sein Ansatz nicht der des Historikers, des Politologen oder des Journalisten. Vielmehr wirkt er, so hat es den Anschein, als Vertreter einer Anti-Macht – gegen die US-Regierungen und ihre Verbrechen, gegen die Komplizenschaft der Medien, gegen das Verschweigen, die Lügen, die Verdrehungen von Tatsachen. Der klassischen Aufklärung verpflichtet, schreibt er unermüdlich an einer »schwarzen« Enzyklopädie, in deren Zentrum die von den USA begangenen oder geförderten Massaker gegen die Zivilbevölkerung in vielen Teilen der Welt stehen. Lateinamerika, der Nahe Osten, Fernasien bilden den Bezugsrahmen einer Analyse der geopolitischen Strategie jener Mächte, die für Chomsky das eigentliche Terrornetzwerk darstellen: der Vereinigten Staaten und ihrer »Vasallen«.

Dem Konformismus des amerikanischen Mainstream entragen Chomskys politische Schriften wie erratische Blöcke: Wer sie erklimmt, gewinnt die Aussicht auf ein weitgehend vermintes Gelände – keine tröstliche Perspektive, sondern die Aufforderung, sich Minensuchgeräte zu verschaffen.

Der Verlag

PS Hinweisen möchten wir an dieser Stelle auf unsere Chomsky-Edition (siehe Anhang), unsere Homepage *www.europaverlag.de* und auf das im Sommer 2003 eingerichtete *www.chomsky-forum.de*.

LARISSA MACFARQUHAR
DES TEUFELS BUCHHALTER

Regelmäßig am Dienstag abend hält Noam Chomsky, einer der größten Geister des 20. Jahrhunderts und einer der meistgeschmähten, im Massachusetts Institute of Technology (MIT) ein Politik-Seminar ab. An die zweihundert Studenten haben sich eingefunden; es gibt nicht genug Stühle, so daß Späterkommende sich auf den Boden setzen oder legen, was dem Kurs die Atmosphäre eines Teach-in verleiht. An einem der letzten Abende sprach Chomsky über den Irak. Er saß mit verschränkten Armen ein wenig nach vorn gebeugt auf dem Stuhl, vor ihm ein Mikrophon. Er trug das Übliche: Hemd, Pullover, Jeans, Turnschuhe. Sein Haar kräuselte sich über dem Kragen und sah nicht so aus, als würde er ihm viel Aufmerksamkeit widmen. Er sprach mit ruhiger, monotoner Stimme.

»Wenn ich mir die Argumente für diesen Krieg anschaue«, meinte er, »finde ich nichts, worüber ich auch nur lachen könnte. Gewalt wird nicht deshalb angewendet, weil man hofft, daß wie durch ein Wunder daraus irgend etwas Gutes entstehen könnte. Klar, manchmal bewirkt Gewalt etwas Gutes. Die Bombardierung von Pearl Harbour durch die Japaner hatte gute Folgen. Im Endeffekt führte sie dazu, daß die Europäer aus Asien rausgeschmissen wurden – das hat allein in Indien das Leben von zehn Millionen Menschen gerettet. Feiern wir das vielleicht jedes Jahr?«

Chomsky teilte den Studenten mit, daß die gegenwärtige Regierung sich dem Wesen nach nicht von den Regierungen Bush sen. und Reagan unterscheide, weshalb man ihrer Ankündigung, einen Tyrannen stürzen zu wollen, nicht trauen dürfe. »Der erste ausländische Staatsmann, der von George Bush Nr. 1 ins Weiße Haus eingeladen wurde, war Mobutu, einer der schlimmsten Gangster in der Nachkriegsgeschichte Afrikas. Sehr beliebt war auch General Suharto, dessen Verbrechensliste ebenso umfangreich ist wie die von Saddam Hussein. Oder Marcos von den Philippinen. Alle diese Leute wurden bei ihren schlimmsten Greueltaten von denen unterstützt, die jetzt in Washington das Sagen haben. Und ausgerechnet diese Regierung soll den Irakern die Freiheit bringen?«

Ein Student in einem roten Pullover mit V-Ausschnitt hob die Hand, um eine Frage zu stellen. »Ich weiß nicht, ob das wirklich ein starkes Argument ist, wenn Sie die Motive der Regierung meinen«, begann er. Sein Englisch hatte einen europäischen Akzent.

»Ich spreche von Erwartungen«, unterbrach ihn Chomsky.

»Wenn Saddam ein Monster ist«, fuhr der Student fort, »kann es doch eigentlich egal sein, wer ihn beseitigt. Das Bündnis mit Stalin im Zweiten Weltkrieg war auch keine angenehme Sache, aber absolut notwendig.«

»Gut, nehmen wir ein noch schrecklicheres Monster als Saddam Hussein«, erwiderte Chomsky. »Nehmen wir an, wir könnten ihn dazu bringen, Nordkorea zu erobern. Wären Sie dafür?«

Chomsky kann brutal argumentieren, aber nur seine Worte verraten, daß er angreift. Sein Gesichtsausdruck verändert sich nicht. Niemals erhebt er die Stimme, die ohnehin so leise ist, daß man ohne Mikrophon kaum verstehen kann, was er sagt. Er spricht mit so wenig Nachdruck, daß die Worte Mühe haben, den Mund zu verlassen. Auch seine Augen liegen, geschützt von einer Brille mit Metallgestell, tief in ihren Höhlen und sind so schmal, daß sie fast geschlossen wirken, das rechte Auge etwas mehr als das linke.

»Der Zweite Weltkrieg ist eine etwas andere Geschichte«, setzte Chomsky seine Ausführungen fort. »Natürlich führten die Vereinigten Staaten und Großbritannien den Krieg, aber nicht in erster Linie gegen Nazi-Deutschland. Den führten die Russen. Die deutschen Streitkräfte waren an der Ostfront massiert.«

»Aber die Welt sah hinterher besser aus«, beharrte der Student.

»Zuallererst müssen Sie sich fragen, ob es wirklich die beste Methode war, zehn bis zwanzig Millionen Russen zu töten, um Hitler loszuwerden. Vielleicht wäre es besser gewesen, ihn gar nicht erst zu unterstützen, wie es Großbritannien und die Vereinigten Staaten getan haben. Okay? Aber Sie haben recht, es geht nicht um Motive, sondern um Erwartungen. Und dazu läßt sich, wenn es Sie interessiert, noch einiges sagen. Als die Russen 1942 in der Schlacht um Stalingrad die deutsche Offensive zum Stillstand brachten, war abzusehen, daß Deutschland den Krieg nicht gewinnen würde. Nun haben wir aber aus russischen Archiven erfahren, daß gerade zu der Zeit Großbritannien und die USA von Hitler aufgestellte Armeen unterstützten, die den sowjetischen Vormarsch bremsen sollten. Zehntausende russischer Soldaten kamen dabei ums Leben. Wenn Sie in Auschwitz gesessen hätten, wären Sie dann dafür gewesen, die russischen Truppen aufzuhalten?«

Daraufhin schwieg der Student.

CHOMSKY WEIGERT SICH KONSEQUENT, ÜBER Motive in der Politik zu sprechen. Wie viele andere Theoretiker, die den universellen Menschen im Auge haben, scheint er den Gedanken an wirkliche Menschen und ihre psychologischen Einstellungen verwirrend, wo nicht gar abstoßend zu finden. Er hat, wie er sagt, keine Helden und glaubt nicht an Führer. Chomskys Weigerung, Motive zu berücksichtigen, ist in einer Hinsicht eine große Schwäche, weil er damit die Unterschiede zwischen Regierungen und sogar Staaten für belanglos erachtet und darüber hinaus die Möglichkeit eines tiefergreifenden politischen Wandels – mit Ausnahme der Revolution – nicht in Erwägung zieht. Ein weiteres Ergebnis dieser Weigerung sind seine Vergleiche, die mit schöner Regelmäßigkeit für Empörung sorgen.

Als er die Anschläge vom 11. September mit Clintons Bombardierung einer Fabrik in Khartum verglich, fanden viele das ebenso absurd wie widerwärtig: Wie konnte er einen Angriff, der auf die Maximierung ziviler Opfer zielte, in einem Atemzug nennen mit einer Attacke, die die Minimierung solcher Opfer beabsichtigte? Doch war sein Argument in anderer Hinsicht äußerst stark. Für ihn ging es nicht darum, ob die Bombardierung der Fabrik mit der Intention durchgeführt wurde, Menschen zu töten (Motiv), sondern ob diese Tötung vernünftigerweise zu erwarten war. Wenn es Gründe für die Annahme gab, daß in der Fabrik anstelle von Waffen Arzneimittel produziert wurden, dann gehörten die Auswirkungen der Bombardierung auf die Bevölkerung des Sudan – die Zahl derjenigen Menschen, die ohne diese Arzneimittel sterben würden, dem *Boston Globe* zufolge waren es einige tausend – unmittelbar zum moralischen Kalkül des Angriffs. Chomskys Logik ist die unnachgiebige, mathematische Logik des Zivilrechts; der Philosoph Avishai Margalit hat ihn »des Teufels Buchhalter« genannt. Sein moralisches Kalkül reduziert sich auf eine einfache Arithmetik: Die reine Anzahl der Toten kann auch durch komplizierte Erwägungen nicht gerechtfertigt werden.

Chomskys Weigerung, Motive in der Politik zu berücksichtigen, entspringt nicht nur einem moralischen Impuls, sondern ebenso einer geistigen Haltung. Die Erörterung individueller Absichten ist zwecklos, weil die eigentlichen Triebkräfte in den ökonomischen Interessen von Institutionen der Führungsschichten liegen.

»Nehmen wir Robert McNamara«, sagt Chomsky. »Er ist bestimmt ein netter Kerl. Die Taten, für die er verantwortlich ist, sind abscheulich aufgrund der sozialen und wirtschaftlichen Institutionen, innerhalb derer er mehr oder weniger reflexhaft handelte.«

Das Wort »reflexhaft« ist von Bedeutung: Bisweilen klingt es so, als argumentiere Chomsky mit einer Art von politischem Behaviorismus. Aber er ist Rationalist: Von zentraler Bedeutung für seine linguistische Theorie, die ihn zuerst berühmt gemacht hat, wie für sein politisches Denken ist die Auffassung, daß der menschliche Geist schon bei der Geburt jene Denkstrukturen – sogar die des moralischen Denkens – besitzt, mit deren Hilfe er die Welt wahrnimmt. So handeln Eliten zwar egoistisch, aber ihr Egoismus folgt einer institutionellen Logik, keiner individuellen. Sie sind moralisch verantwortlich, und dennoch können sie kaum anders handeln, als sie es faktisch tun.

Es mag seltsam anmuten, daß ein libertärer Anarchist wie Chomsky, der menschliche Freiheit und Selbstbestimmung für wesentlich hält, politisches Handeln als institutionell determiniert begreift, aber das ist ein altes Paradox. Indem er, im Namen der individuellen Freiheit, die Vorstellung verwirft, daß die Menschen durch ihre Lebensumstände

geformt werden (er ist kein Marxist), setzt er all das als un-
wesentlich beiseite, was die Menschen zu Individuen macht
– ihre Kultur, ihre Geschichte, ihre Erfahrungen. Darin ist
er klassischer Rationalist: Wenn Vernunft das ist, was die
Menschen kennzeichnet und wodurch sie sich von den Tie-
ren unterscheiden, und wenn Vernunft universell ist, dann
folgt daraus, daß die Menschen im Kern gleich sein sollten.
Diese Idee findet Chomsky angemessen: Weil er seinem
Temperament nach mehr zur Logik neigt als zu anthropo-
logischen oder literaturtheoretischen Methoden, fühlte er
sich nie von dem Gedanken angezogen, daß das Wesen des
Menschen durch seine psychologische Einzigartigkeit oder
kulturelle Vielfalt bestimmt wird. Politisch jedoch war (wie
der Jakobinismus zeigt) diese Idee immer gefährlich, denn
sie erlaubt es dem Theoretiker, alle Argumente zu verwerfen, die der von ihm definierten Rationalität widersprechen. Motive können unbeachtet bleiben; es ist gleichgültig, welche Wünsche die Menschen hegen und welche
Gründe sie dafür ins Feld führen, weil das, was sie wirklich
erstreben, der Logik ihrer Vernunft bereits eingeschrieben
ist. Folglich kann es darüber auch keine Meinungsverschie-
denheiten geben, sondern nur Wahrheit und Irrtum, keine
Differenzierungen, sondern nur Fehler oder Lügen.

KEHREN WIR IN DEN SEMINARRAUM ZURÜCK.
Chomskys Assistent fragte, ob einer der Studenten den Versuch unternehmen wolle, den Irak-Krieg plausibel zu be-
gründen. Ein junger Mann mit rundem Gesicht, der an der
Tür stand, hob die Hand. »Ich denke, die Befürworter des
Kriegs stellen die Befreiung des irakischen Volks in den
Mittelpunkt«, sagte er. »Das war für die Linke am schwie-
rigsten zu widerlegen. Ich glaube, im Kern war das Beste,
was Professor Chomsky dazu gesagt hat, daß die USA es in

der Vergangenheit unterlassen haben, für diese Befreiung zu sorgen.«

»Sie haben es nicht nur unterlassen«, warf Chomsky ein, »sondern die Gegenseite unterstützt. Und es waren nicht einfach die USA, sondern die Leute, die gegenwärtig an der Regierung sind ... Nehmen wir an, das Ziel sei, den Irak zu befreien. Warum ist das nicht den Vereinten Nationen vorgeschlagen worden?«

»Darauf gibt es viele Antworten, wie zum Beispiel —«, begann der Student.

»Wirklich? Ich kenne keine einzige«, unterbrach ihn Chomsky. »Aber es gibt einen Weg, den Irak zu befreien; er ist ganz einfach und kann die meisten Argumente, die üblicherweise vorgetragen werden, aus dem Weg räumen. Keine Verluste der US-Truppen, keine Bedrohung Israels, eine gute Chance, die Demokratie einzuführen, die von der Bevölkerung möglicherweise begrüßt wird, das Öl fließt reichlich, Saddam wird in Stücke gerissen, alle Massenvernichtungswaffen werden zerstört. Wir müssen lediglich dem *Iran* helfen, den Irak zu besetzen. Mit einiger Unterstützung könnte ihm das durchaus gelingen.«

»Aber —«

»Einen Moment noch. Der Iran hat eine echte Chance, im Irak die Demokratie einzuführen. Das haben die USA nicht. Der Grund liegt darin, daß die irakische Bevölkerung mehrheitlich aus Schiiten besteht. Die Schiiten werden zu einer Übereinkunft mit dem Iran bereit sein, aber die USA werden ihnen eine Beteiligung an der Regierung niemals gestatten, weil sie nicht wollen, daß diese Regierung Beziehungen zum Iran aufnimmt ... Was ist die Kehrseite?«

Der Student schaute verwirrt drein. »Schlagen Sie allen Ernstes vor, daß wir dem Iran helfen, den Irak zu besetzen?« fragte er.

»Nein. Aber Sie.« entgegnete Chomsky.

Die Studenten lachten. Diese plötzliche Wendung hatte sie überrascht.

»Natürlich ist der Vorschlag irrwitzig. Aber er ist sinnvoller als der US-amerikanische Angriff. Wollen Sie behaupten, daß diejenigen Leute, die Saddam unterstützten, während er seine schlimmsten Greueltaten beging, die Irakis eher befreien werden, als die Leute, die ihn bekämpft haben?«

Chomsky ging noch eine ganze Weile mit dem Studenten ins Gericht und ignorierte dessen Versuche, etwas einzuwenden. Einige riefen: »Lassen Sie ihn doch reden!«, aber vergeblich. Ein Student stand auf, um ihn zu unterstützen, aber auch er wurde von Chomsky nicht beachtet. Geräuschvolle Unzufriedenheit machte sich breit; Chomsky ging darüber hinweg. Schließlich setzte sich der erste Student wieder hin.

Gerechtfertigterweise, fuhr Chomsky fort, könne Saddam nur von seiner eigenen Bevölkerung gestürzt werden, doch hätten die Sanktionen die Iraker so geschwächt, daß sie dazu nicht in der Lage seien. »Innerhalb von zehn Jahren haben wir nicht nur Hunderttausende Iraker umgebracht, sondern auch den Sturz Saddams verhindert. Marcos, Duvalier, Suharto, Ceausescu und andere wurden schließlich gestürzt. Das würde vielleicht auch mit Saddam geschehen, wenn wir es nicht verhindern, sondern zulassen.«

CHOMSKY IST KEIN GRUNDSÄTZLICHER PAZIFIST, aber eine Intervention der Vereinigten Staaten hat er noch nie gebilligt. Das Land, meint er, habe einfach zu viel Dreck am Stecken, und wer auf zukünftige Besserung hoffe, betreibe Selbsttäuschung. Für ihn können Staaten keine moralisch handelnden Akteure sein. Fragt man ihn aber, ob er eine bessere Möglichkeit kenne – eine Alternative zur Intervention, um in Bosnien, im Kosovo oder in Ruanda das Morden zu verhindern –, hat er nichts anzubieten. Das seien schwierige Fälle, und er wisse nicht, wie er darüber denken solle.

Diese Gegnerschaft zu dem, was er verächtlich den »neuen militärischen Humanismus« nennt, hat ihn vielen seiner früheren Bewunderer entfremdet. Während der sechziger Jahre sahen alle, die, wie er, gegen den Vietnamkrieg waren, in ihm einen Helden. Seine Kritik an der Lateinamerika-Politik Washingtons in den achtziger Jahren wurde von vielen Mainstream-Liberalen aufgegriffen. Aber seit in den letzten zehn Jahren viele Linke die außenpolitischen Unternehmungen der USA differenzierter bewerten, rücken sie in gleichem Maß von Chomsky ab. Sein Denken, heißt es, sei starr und allzu vereinfachend geworden und er selbst in der Vergangenheit befangen: Weil die amerikanische Intervention in Vietnam unmoralisch und nutzlos gewesen sei, müßten alle amerikanischen Interventionen unmoralisch und nutzlos sein.

Als sein Buch *9-11* [dt. *The Attack*] über den Anschlag auf das World Trade Center zum Bestseller wurde, reagierten viele Leser schockiert.

»Er strahlte immer diese große, würdevolle Leidenschaft aus«, meint Christopher Hitchens, der bis zu seinem politischen Frontwechsel Chomsky verteidigt hat. »Ich hielt ihn für einen beispielhaften Menschen, dessen Überzeugungen in nahezu vollkommenem Einklang mit seinem Handeln standen. Aber ›stillschweigender Völkermord‹ in Afghanistan!« – so jedenfalls beschreibt Chomsky die Bombardierung – »das ist doch reiner Wahnsinn!«

So hat sich Chomsky zwar zunehmend weiter vom Mainstream entfernt, spielt aber zugleich in den politischen

Diskussionen, die in den USA geführt werden, eine größere und nicht etwa geringere Rolle. In den sechziger Jahren war er einer von vielen, die gegen den Krieg protestierten, während er jetzt fast als einziger gegen die Bombardierung Afghanistans eintritt. Insofern kann die Tatsache, daß *9-11* ein Bestseller wurde, nicht wirklich überraschen. Für all jene, die ihre Zweifel am politischen Konsens der neunziger Jahre und dem Krieg gegen den Terrorismus haben, ist Chomsky die einzige Stimme, die sich noch kritisch zu Wort meldet.

Dennoch ist sein geistiger Einfluß nach wie vor außergewöhnlich. Auf einer Liste der zehn meistzitierten Quellen aller Zeiten (in der auch die Bibel aufgeführt wird) liegt er an achter Stelle – vor Hegel und Cicero und gleich hinter Platon und Freud. Die von ihm Ende der fünfziger Jahre in Gang gesetzte linguistische Revolution bewegte die Phantasie der Öffentlichkeit wie vordem Einsteins Revolution der Physik. Leonard Bernstein verwendete Chomskys Theorien zur musikalischen Analyse, und Literaturwissenschaftler interpretierten damit poetische Texte. Psychologen beschäftigten sich, was vorher kaum der Fall gewesen war, systematisch mit dem Spracherwerb von Kindern. Aus Chomskys Sprachtheorie erwuchs eine neue Disziplin, die Kognitionswissenschaft, die sich u. a. mit dem Problem der künstlichen Intelligenz auseinandersetzte. Philosophen dachten über Ideen nach, die seit Descartes nicht mehr ernstgenommen worden waren.

Zudem steht Chomsky in den USA zwar längst nicht mehr im Mittelpunkt politischer Diskussionen, aber in anderen Ländern ist er ein Superstar. Wo immer er auftaucht, suchen Politiker und Journalisten des Mainstream seine Nähe, und wenn er einen Vortrag hält, strömen die Leute zu Tausenden, bisweilen gar Zehntausenden herbei. Im

Dezember 2002 sprach er in der Londoner St.-Pauls-Kathedrale vor zweitausend Zuhörern; eintausend weitere waren ohne Eintrittskarten erschienen und hofften frierend auf Einlaß. Am nächsten Tag hielt er einen Vortrag in der University of London. Wiederum waren zweitausend Menschen erschienen – Altlinke und Neulinke, Männer mit sehr langen und Männer mit sehr kurzen Haaren –, um ihm dichtgedrängt stehend zu lauschen. Vor dem Hörsaal wurden Zeitungen angeboten: der *Socialist Worker* und *Freedom*, eine anarchistische Halbmonatsschrift. Die Organisatoren des Vortrags verteilten Flugblätter, in denen mit dem Slogan »Chomsky: für euch und eure Freunde« für den Erwerb von Audiocassetten geworben wurde. »Ich glaube nicht, daß es außer Bruce Springsteen noch einen anderen Amerikaner gibt, der eine derartige Nachfrage nach Eintrittskarten ausgelöst hätte«, teilte der Einführungsredner der Menge mit.

★ ★ ★

Chomskys Büro ist ein kleiner Raum mit vielen Bücherregalen und zwei Schreibtischen. Auf jedem stapeln sich mindestens einhundert Bücher, so daß kaum Platz zum Arbeiten bleibt. Einige unbequeme Holzstühle stehen herum, und aus den Fenstern blickt man auf eine Gasse. Chomsky saß, die Füße wie gewöhnlich auf eine offene Schublade gestützt, an dem von der Tür weiter entfernten Tisch. Das Telefon klingelte. Der Anrufer bat Chomsky um Unterstützung für Lynne Stewart, einen linken Anwalt, der einen ägyptischen Geistlichen gegen den Vorwurf des Terrorismus verteidigt hatte und nun selbst inhaftiert und beschuldigt worden war, Terroristen zu unterstützen. Chomsky führt zahllose Telefonate dieser Art. Er teilte dem

Anrufer mit, daß er nichts weiter tun könne, als eine Erklärung zu unterschreiben. Der Anrufer wollte sie ihm vorlesen. »Das wird sicher alles in Ordnung sein«, seufzte Chomsky, der wieder an seine Arbeit wollte. Der Anrufer bat ihn zuzuhören. »Okay.« Chomsky hörte zu. »Ja, das ist gut so. Genau. Wiederhören.« Er legte den Hörer auf. Er sah müde aus und rieb sich die Augen, ohne die Brille abzunehmen. »Tausende von Petitionen«, bemerkte er.

Es ist typisch für Chomsky, sein Büro so eingerichtet zu haben, daß es dort keine bequemen Sitzmöglichkeiten und keinen Platz zum Arbeiten gibt. Materiellen Dingen scheint er völlig gleichgültig gegenüberzustehen. Bevor seine Frau sich um seine Manuskripte kümmerte, hatte er das Copyright oftmals einfach so weggegeben, ohne den Vertrag zu lesen, denn er liest keine Verträge. Er unterschreibt einfach das, was ihm vorgelegt wird. Und er ist durchaus in der Lage, eine Woche lang jeden Tag dieselbe Kleidung zu tragen.

»ALS ICH IHM ZUM ERSTEN MAL BEGEGNETE«, bemerkt Steven Pinker, ein Kollege Chomskys am MIT, »empfand ich, wie viele andere auch, ein Gefühl von Ehrfurcht. Ein Psychologe, Jonathan Haidt heißt er, beschäftigt sich mit dem, was er als moralische Ehrfurcht bezeichnet. Das ist ein Gefühl, was man bekommt, wenn man einem Gandhi oder einer Mutter Teresa begegnet. Haidt meint, daß gerade die Untertreibung der äußeren Erscheinung als Beweis für die Reinheit und Würde der Sache gilt. Ich glaube nicht, daß Chomsky das mit Absicht macht. Ich denke, die Tatsache, daß er so unspektakulär auftritt, trägt zum Gefühl der Ehrfurcht bei, das die Leute empfinden, die ihm begegnen. Wäre er ein Großmaul, würden sie Zweifel bekommen.«

Allerdings ist Chomskys Gleichgültigkeit gegenüber der

materiellen Welt eine Sache des Temperaments und nicht dogmatisch bedingt. In vielerlei Hinsicht führen er und seine Frau Carol ein Leben, wie es in der Mittelschicht üblich ist. In Lexington, einem Vorort von Boston, bewohnen sie ein großes, mit braunen Schindeln verkleidetes Haus, dessen Inneneinrichtung – moderne Möbel hier, folkloristische Kissen und Wandteppiche dort – sich nicht groß von der anderer professoraler Häuser unterscheidet. Als die Kinder noch klein waren, verbrachte man den Urlaub in der Karibik; und im Sommer geht es regelmäßig nach Cape Cod. Chomsky segelt gern und hat einmal sogar eine kleine Flotte von Segelbooten und ein Motorboot besessen. »Er entspannt sich auf seine Weise«, sagt ein Freund. »Andere Leute gehen ins Kino, was er für Zeitverschwendung hält. Er ist im Sommer gern an der frischen Luft, schwimmt im See und segelt und ißt Junkfood. Carol ist lockerer als Noam. Naja, wer ist das nicht?« Wenn die beiden in Cambridge sind, sehen sie spät am Abend meist noch eine Stunde fern – »Law & Order« oder irgendeine andere Krimiserie. Carol sorgt dafür, daß danach gleich schlafen gegangen wird, Aufstehzeit ist morgens um acht. (Viele glauben, daß Chomsky überhaupt niemals schläft, aber das stimmt nicht.)

Als ihre Tochter Aviva zwölf wurde, feierten all ihre Freundinnen die Bat-Mizwa. Sie wollte das auch, konnte aber nicht in die hebräische Schule aufgenommen werden, weil die Chomskys nicht der örtlichen Synagoge angehörten. Das müsse aber geschehen, forderte Aviva und löste damit eine kleine Familienkrise aus. Schließlich überwand Chomsky seine Abneigung und wurde Mitglied. »Um etwas mit der Familie unternehmen zu können, würde Noam alles stehen und liegen lassen«, sagt Carol. »Er ist da ganz hingebungsvoll. So verschafft er sich Luft.«

Die drei Kinder haben auf das teils konventionelle, teils unkonventionelle familiäre Umfeld unterschiedlich reagiert. Aviva, die Älteste, ist dem Vater am ähnlichsten. Sie lehrt und forscht als Historikerin mit dem Schwerpunkt Lateinamerika am Salem State College (Massachusetts) und ist ebenfalls politisch aktiv. Sie hat gegen die Arbeitsbedingungen im Bergwerk von Columbia, von dem ein Kraftwerk in Salem die Kohle bezieht, protestiert und ist auch gegen den unfairen Umgang mit den Arbeitern auf einer Hühnerfarm in Maine vorgegangen. Harry, der Jüngste, interessiert sich am wenigsten für Politik. Er ist ein ehrgeiziger Geiger, der in Berkeley lebt und nebenbei Geld als Programmierer verdient.

Diane, die Zweitälteste, ging, als sie Mitte zwanzig war, nach Nicaragua, um dort als Volontärin bei einer sandinistischen Zeitung zu arbeiten. Sie verliebte sich in einen Sandinisten und blieb im Lande. »Sie ist nicaraguanisiert«, bemerkt Carol trocken. Immer wieder hat sie versucht, ihrer Tochter die Lebensumstände, die Carol selbst als abstoßende Armut empfindet, zu erleichtern, aber Diane hält sogar leibliche Genüsse für unmoralisch. Einmal, als Diane auf Reisen war, konspirierte Carol mit deren Freund, um eine Waschmaschine anzuschaffen. (Er nämlich teilt Dianes Ablehnung des Konsumverhaltens nicht und würde gern in den USA leben.) Aber Diane schloß die Waschmaschine nicht an. »Sie lebt erbärmlich«, sagt Carol, »aber sie meint: Fünfundneunzig Prozent der Menschen auf der Welt leben so, warum sollte ich es besser haben?«

Chomskys Kinder haben nie wirklich rebelliert, und auch Chomsky selbst ist in gewisser Hinsicht das logische Produkt seiner Erziehung. Sein Vater, William, wurde 1896 in der Ukraine geboren und wanderte als junger Mann nach Baltimore aus; seine Mutter, Elsie, stammt aus einer Stadt in der Nähe von Minsk. 1906, als sie drei Jahre alt war, ging die Familie nach Brooklyn. Beide stammten aus orthodoxen Familien, die sie früh verließen, um nach Philadelphia zu ziehen. Beide lehnten die Religiosität ihrer Eltern ab, ließen sich aber zu Hebräischlehrern ausbilden und taten viel dafür, das Hebräische als lebende Sprache bekanntzumachen. Schon bald nachdem sie sich kennengelernt hatten, heirateten sie; die Hochzeit fand im Sommer des Jahres 1927 statt. Am 7. Dezember 1928 wurde ihr erster Sohn, Avram Noam, geboren, sechs Jahre später der zweite, David. Zwar wurde in der Familie Englisch gesprochen, aber schon sehr früh sprachen Noam und David fließend Hebräisch. Von Gott war nicht viel die Rede, aber es wurde koscher gegessen und am Sabbat der Gottesdienst besucht. Während die Jungen heranwuchsen, machte William sich einen Namen als Gelehrter für das Hebräische, und 1957 veröffentlichte er die mittlerweile als klassisch geltende historische Studie *Hebrew: The Eternal Language*. Elsie schrieb zwei Kinderbücher über mutige junge Juden, die im Kampf gegen böse Araber ihr Leben riskieren, um Siedlungen in Israel zu gründen.

Schon als Junge beschäftigte Chomsky sich mit Politik, und seine Überzeugungen haben sich seitdem nicht wesentlich geändert. Im Alter von zehn Jahren veröffentlichte er seinen ersten Artikel in der Schülerzeitung: einen Kommentar zum Fall von Barcelona im Spanischen Bürgerkrieg. Später las er George Orwells *Homage to Catalonia* [dt. *Mein Katalonien*], er hat sich seitdem immer wieder auf jenes Barcelona berufen, das Orwell als Beispiel für jene libertäre, von Arbeitern geleitete politische Ordnung anführt, die er für die beste Regierungsform hält.

Während seiner Zeit an der Junior High School fuhr Chomsky oft nach Manhattan, wo einer seiner Onkel, Milton Kraus, der durch einen Buckel körperlich behindert war, an der Ecke Broadway/72. Straße einen Zeitungskiosk betrieb, der eine Art Gesprächsforum für Linke war. Angeregt von Kraus begann Chomsky, sich für den Kommunismus zu interessieren, doch bereits mit dreizehn hatte er Marx ad acta gelegt. Er war zu jung, um an den erregten Diskussionen der Älteren über Stalin und Trotzki teilzunehmen. Statt dessen fühlte er sich zu zeitgenössischen Anarchisten wie Rudolf Rocker hingezogen, der das Streben des klassischen Liberalismus nach einem Minimalstaat mit sozialistischen Ideen zur Abschaffung der Lohnsklaverei verband.

In New York klapperte Chomsky gern die Antiquariate an der Fourth Avenue ab, um dort seltene Exemplare linker Literatur aufzutreiben. Anfang der vierziger Jahre entdeckte er eine ganz unbekannte Gruppe, die sich »Marleniten« (eine Zusammenziehung der Namen Marx und Lenin) nannte. Für diese Radikalen war der Krieg nichts weiter als ein internationaler Klassenkampf in Verkleidung, bei dem die herrschenden Schichten Amerikas und Europas zusammenwirkten, um das europäische Proletariat zu zerschmettern. »Ich habe nichts davon geglaubt, aber es war sehr spannend«, sagt Chomsky rückblickend. »Ihre Kritik an der Sowjetunion und dem westlichen Imperialismus hat mich beeindruckt, sie war durchdacht.«

In den Kreisen, in denen Chomsky aufwuchs, wurden die geistigen Fähigkeiten eines Jungen an seiner Beherrschung des Hebräischen gemessen. Da Chomsky der Beste war, fiel ihm die Führungsrolle zu. »Es ging nicht so sehr um den Intelligenzquotienten, sondern um das Konzentrationsvermögen«, bemerkt Carol. Chomsky besuchte Camp Massad, ein hebräischsprachiges Sommerlager in den Poconos; er organisierte zionistische und kulturelle

Jugendgruppen. Carols Familie, die Schatzes, gehörte derselben Synagoge an wie die Chomskys; als Noam und Carol sich kennenlernten, war er fünf und sie drei Jahre alt. Als Chomsky anfing, sich für Carol zu interessieren, nutzte er seinen Einfluß, um ihr einen Platz im Sommerlager zu sichern, damit sie die Sprache gut genug lernte, um seiner wert zu sein. Carol war (und ist) klein und zart gebaut, nur ihr damals kurzes Haar ist jetzt weiß und hängt bis auf die Schultern herab. Schon als Teenager mochte sie keinen Lippenstift auflegen, und dabei ist es bis heute geblieben. Als sie neunzehn war und er einundzwanzig, heirateten die beiden.

Während seines ersten College-Jahrs an der Universität von Pennsylvania langweilte sich Chomsky und überlegte, ob er abbrechen solle. Dann aber begann er bei Zellig Harris zu studieren, einem Linguistik-Professor, der sich politisch für jenen linken Zionismus engagierte, dem auch Chomsky anhing. Zudem hatte er Harris bereits in seiner Kindheit kennengelernt; die Chomskys hatten zusammen mit der Familie Harris in deren Haus des öfteren den Seder gefeiert. »Als ich klein war, war Zelligs Vater eine Berühmtheit«, sagte Chomsky und grinste. »Er war der *mohel*, der alle jüdischen Jungen beschnitt, auch mich.« Angesichts einer solchen proto-ödipalen Dynamik paßte es ausgezeichnet, daß Harris Chomskys Mentor wurde.

Als Chomsky gleich nach dem Ende des Zweiten Weltkriegs sein Studium an der »Penn« aufnahm, war Harris seit etwa zehn Jahren eine Art *elder statesman* für den New Yorker Zweig einer Studentenorganisation namens Avukah (hebräisch für »Fackel«). Der Harvard-Soziologe Nathan Glazer hatte während des Kriegs als Student am City College in New York der Avukah angehört und Harris kennengelernt. »Er war ziemlich trocken«, sagt Glazer. »Eindringlich. Wenn er nach New York kam, stieg er im Biltmore-Hotel ab, was wir für großartig hielten, weil wir arm und schmuddelig waren. Zweifellos hat er uns beeindruckt. Und wir spürten seine unglaubliche Begeisterung.«

Avukah bestand aus jungen Zionisten, die einen jüdischen Staat in Palästina ablehnten und sich mit der linksorientierten Kibbuz-Bewegung identifizierten. Die Kibbuz-Siedler favorisierten einen binationalen sozialistischen Staat, dessen Geschicke jüdische und arabische Arbeiter gemeinsam in die Hand nehmen sollten. Diese Idee war vor 1948 keineswegs unplausibel, während sie danach als linksradikal und antizionistisch eingestuft wurde. Viele bekannte Intellektuelle, die mit der Hebräischen Universität verbunden waren, unterstützten solche Vorstellungen: Hannah Arendt, Martin Buber, Erich Fromm. Darüber hinaus spielte der Zionismus für viele amerikanisch-jüdische Intellektuelle des Mainstream keine besondere Rolle. »Die meisten hatten sich auf sehr radikale Weise von den Interessen und Problemen des Judentums gelöst«, sagt Glazer. »Man muß nur an die Leute im Umfeld von *Partisan Review* denken. Als das American Jewish Committee 1945 mit der Herausgabe von *Commentary* begann, hatte außer mir niemand einen zionistischen Hintergrund – weder Irving Kristol noch Robert Warshow oder Clement Greenberg.«

Chomsky fühlte sich zunächst aus politischen, weniger aus wissenschaftlichen Gründen zu Harris hingezogen, und in diesem Sinn war seine Karriere als Sprachwissenschaftler eher ein Zufall. »Noam glaubte damals, daß er möglicherweise irgendwo als Direktor einer Schule fürs Hebräische landen würde«, bemerkt Carol. »Seine Mutter sagte oft: ›Wenn ich in Philadelphia durch die Straßen gehe, schaue ich immer nach einem Aushang, wo draufsteht *Linguist gesucht!* Ich finde aber keinen!‹« Obwohl Chomsky in einem

Haushalt aufwuchs, wo häufig Probleme der Sprache – des Hebräischen – erörtert wurden, faszinierten ihn als Kind Sprachen nicht sonderlich. Die Vielfalt fremder Wörter und Laute war ihm gleichgültig – für ihn war Sprache das Fenster zum Geist.

Chomsky studierte Mathematik, Logik und Philosophie, und in seiner Examens- und Magisterarbeit entwarf er eine so exzentrische wie einfallsreiche Analyse der Grammatik des modernen Hebräisch. Nachdem er sein Studium an der Penn damit abgeschlossen hatte, erhielt er 1951 als Junior Fellow einen Lehrauftrag an der Universität Harvard – eine große Ehre, die ihm auch die materielle Absicherung für eine langjährige Forschungsarbeit ermöglichte. In Cambridge packte ihn die Arbeitswut, und er brachte ein umfangreiches, gedanklich sehr dichtes Werk zu Papier, das später unter dem Titel *The Logical Structure of Linguistic Theory* veröffentlicht wurde. Ein Kapitel des Manuskripts legte er als Doktorarbeit vor. Sie war so abstrakt, daß die meisten Linguisten, die sie lasen, die Argumentation für undurchdringlich hielten. Kurz nach der Verleihung des Doktortitels jedoch wurde er von einer Universität übernommen, bei der solche Produkte an der Tagesordnung waren. Er ging ans Massachusetts Institute of Technology.

★ ★ ★

An den Donnerstagnachmittagen hält Chomsky ein Seminar über die Grundlagen der Linguistik. Der Kurs beschäftigt sich nicht mit Syntax-Theorie, sondern soll neue graduierte Studenten in Chomskys Denkweise einführen. Das zweite Treffen in diesem Semester befaßte sich mit der Ethologie, der Lehre vom Verhalten der Tiere. An die zwanzig Studenten hatten sich um den Tisch im Konferenzraum der Abteilung für Linguistik versammelt. Chomsky saß zurückgelehnt auf seinem Stuhl und balancierte eine gelbe Jurismappe auf den Knien. Einer der Studenten riß einen Witz, und Chomsky lächelte. Er hat ein überraschend warmes und liebenswürdiges Lächeln, das die Lücke zwischen seinen Vorderzähnen zeigt und ihn wie einen zufriedenen Jungen aussehen läßt, der gerade einen tollen Streich ausgeheckt hat.

In der Vorwoche hatte der Kurs einen Artikel gelesen, der die behavioristische Vorstellung kritisierte, daß Lernen einfach darin bestehe, Reize mit Verstärkungen zu verbinden. Gibt man, so das behavioristische Modell, einer Taube ein Futterkorn, nachdem sie einen Leuchtknopf angepickt hat, wird sie nach ein paar Malen gelernt haben, Korn und Knopf miteinander in Verbindung zu bringen; lobt man ein Kind, wenn es »zwei Sessel« sagt statt »zwei Sessels«, lernt es Grammatik. Der Artikel wandte dagegen ein, daß es ebensowenig Sinn hat, von einem universell gültigen Lernprozeß zu sprechen wie von einem universellen Sinnesorgan. Lernen sei eine Funktion spezialisierter kognitiver »Module« im Gehirn, so wie die sinnliche Wahrnehmung eine Funktion spezialisierter Organe – Auge, Ohr usw. – sei. Der Student, der sich für diese Sitzung vorbereitet hatte, ging an die Tafel und skizzierte zwei Nervenzellen, bei denen Ionen über die dazwischenliegende Synapse hin- und herwanderten. Das sei, erklärte er, die Hebb-Synapse. Donald Hebb war ein Psychologe, der in den späten vierziger Jahren die neurologische Basis für das behavioristische Lernmodell gefunden zu haben beanspruchte. Chomsky kann den Behaviorismus nicht ausstehen und wollte diese neurologischen Anmaßlichkeiten nicht unkommentiert lassen.

»Es gibt keinen Beweis dafür, daß Rechenoperationen,

selbst so einfache wie das Addieren, eine neurologische Grundlage haben«, teilte er den Studenten mit.

»Aber wir wissen, daß die Addition in Zellen abläuft«, wandte einer der Teilnehmer mit lauter Stimme ein. »Wenn man zweimal soviel Ionen fließen läßt, erhöht sich die Spannung um das Zweifache.« Der Student hatte einen Bürstenschnitt und trug ein hellbraunes Sweatshirt.

»Aber es gibt keine Beweise dafür, daß das etwas mit Rechenoperationen als geistigem Prozeß zu tun hat«, hob Chomsky hervor.

»Ich glaube nicht, daß so ein Beweis schwierig wäre«, antwortete der Student.

»Versuchen Sie's.« Chomsky klang irritiert. »Wenn Ihnen das gelingt, wird es morgen in *Science* veröffentlicht.«

Das behavioristische Lernmodell war eines der ersten Angriffsziele Chomskys, nachdem er Ende der fünfziger Jahre die akademische Szene betreten hatte. In seinem 1957 erschienenen Buch *Verbal Behavior* hatte B. F. Skinner behauptet, daß Sprache, wie jedes andere Verhalten, mit Begriffen einer physikalisch orientierten Beobachtungssprache beschrieben werden könne, ohne daß man auf Denk- oder andere Mentalprozesse rekurrieren müsse. Zwei Jahre später veröffentlichte Chomsky in der Zeitschrift *Language* eine Kritik des Skinner-Buchs, die zu den einflußreichsten und vernichtendsten Rezensionen überhaupt gehört. Skinner habe, so Chomsky, keine objektive Methode der Sprachanalyse entwickelt, sondern lediglich traditionelle Ideen in ein wissenschaftlich klingendes Begriffsgewand gesteckt. So sei z. B. die Behauptung, daß ein Gemälde einen »kontrollierenden Reiz« darstelle, der die »verbale Reaktion« einer Person regle, völlig wertlos. Da die Person auf unendlich viele unterschiedliche Weisen reagieren könne, sei ihre Reaktion durch innere Dispositionen ebenso bedingt wie durch irgendwelche objektiven Strukturen des Gemäldes. Ebenso absurd sei die Annahme, daß Skinners Lernmodell für die Sprachentwicklung wichtiger sei als die den Menschen angeborene mentale Ausstattung. Schließlich lernen Kinder von unterschiedlicher Intelligenz und unter höchst verschiedenen Umweltbedingungen ihre Sprache mit etwa der gleichen Geschwindigkeit, und nur die wenigsten von ihnen werden systematisch gefördert oder belohnt. Darüber hinaus läßt die Analyse des Erwerbs grammatischer Strukturen vermuten, daß Kinder eher bestimmten Regeln folgen als mechanisch das wiederzugeben, was sie hören. (So machen z. B. fast alle Kinder den Fehler, das Plural-s als universelle Regel anzuwenden und von »Sessels« und »Hockers« zu reden.)

Selbst ein Milieu, in dem die Grammatik mit äußerster Genauigkeit und die Sprache mit großer Vielfalt gehandhabt wird, bietet keine Erklärung dafür, daß Kinder in der Lage sind, eine unendliche Anzahl gänzlich neuer Sätze zu verstehen und zu bilden. So jedenfalls lautete Chomskys Schlußfolgerung. Die Annahme, Sprache werde mittels verstärkender Mechanismen erlernt, sei widersinnig. Verdrahtet im Gehirn, in einer Art Sprachorgan, müßten die grammatischen Regeln von vornherein präsent sein. Die Fähigkeit des Sprechens entwickle sich wie die Fähigkeit des Sehens oder Hörens auf natürliche Weise, mithin gebe es bei diesem ganz und gar menschlichen Bestreben nicht die Notwendigkeit, Futterkörner auszuteilen. Chomskys Rezension war in ruhigem Tonfall gehalten, voller brillanter Argumente und bisweilen sogar witzig. Sie führte zur nachhaltigen Zerstörung des Behaviorismus, der die Humanwissenschaften seit über fünfzig Jahren beherrscht hatte.

Chomsky wollte am Ende des Seminars nicht nur den Behaviorismus, sondern auch die umfassendere empiristische Idee einer induktiv verfahrenden Wissenschaft erledigt haben. Hilfreicherweise hatte sich der Student im braunen Sweatshirt bereits aus eigenem Antrieb Argumente für den Empirismus zurechtgelegt. Wissenschaftler müßten von irgendwelchen Daten ausgehen, um daraus eine Theorie zu entwickeln, meinte er. Wie sollten sie ohne Berücksichtigung von Tatsachen entscheiden, welche Hypothesen wahrscheinlich sind? Aber so gehe die Wissenschaft nicht vor, wandte Chomsky ein. Ein Wissenschaftler entwickle zuerst eine Theorie und halte dann nach Fakten Ausschau, die dazu paßten. Sei das nicht der Fall, würde er an der Theorie ein wenig herumflicken, bis sie wieder arbeitsfähig sei, oder die Tatsachen gänzlich beiseite schieben und darauf hoffen, daß er später eine Erklärung dafür finden werde.

»Aber neurologische Korrelate gehören doch sicherlich zu jenen Daten, die Sie benutzen können, um Ihr Modell einzugrenzen«, protestierte der Student.

»Jedes Datum kann durch unendlich viele Theorien erklärt werden«, erwiderte Chomsky. »Das gehört zur elementaren Logik.«

Dann ging die Diskussion von der Neurologie zu den Bienen über. Bekanntlich kehren Bienen, die pollenreiche Nahrungsquellen entdeckt haben, zum Stock zurück und führen dort einen komplizierten »Schwänzeltanz« auf, der Informationen über die Richtung und Entfernung dieser Quellen enthält. Die meisten Wissenschaftler nehmen an, daß der Zweck des Tanzes darin besteht, ebendiese Informationen weiterzugeben, und der Tanz somit eine Art Bienensprache darstellt. Chomsky jedoch gefällt die Vorstellung, daß ein so wenig entwickeltes Geschöpf wie eine Biene über Sprache verfügen könne, überhaupt nicht; Sprachvermögen ist für ihn eine entscheidend menschliche

Eigenschaft. Außerdem lehnt er die Folgerung ab, daß die Sprache bei den Menschen, analog zum Schwänzeltanz, eine Fähigkeit sei, die sich ihrer Nützlichkeit wegen entwickelt habe. Kein Wunder also, daß er die Ideen eines wissenschaftlichen Außenseiters, A. M. Wenner, aufgriff, der behauptete, daß zwar die Menschen dem Tanz der Bienen Informationen entnehmen könnten, nicht aber diese selbst, denn sie fänden ihren Weg zu den Nahrungsquellen allein über den Duft.

»Man kann nicht einfach davon ausgehen, daß etwas schon deshalb funktional oder zweckdienlich ist, weil es nun einmal da ist«, führte Chomsky aus. »Es könnte einfach nur da sein. Grillen zirpen nicht, damit wir den Sommerabend genießen können.« Grillen führt Chomsky gern als Beispiel an, weil es Wissenschaftlern gelungen war, in ihrem Zirpen eine Menge von Informationen zu entdecken, doch gab es keine Beweise dafür, daß die Grillen selbst ihre Geräusche interpretieren könnten oder irgendein Interesse daran zeigten. Dennoch wirkten die Studenten nicht überzeugt. Warum sollten die Bienen aus keinem anderen Grund als rein bienenhafter Überschwenglichkeit einen komplizierten Tanz vollführen? Und die Vorstellung, daß der Tanz präzise Anweisungen zum Auffinden von Nahrung enthält, ohne daß die Bienen sich darum scheren, kam ihnen verrückt vor.

»Ich finde das nicht überzeugend«, wandte ein Student ein. »Mit dieser Logik könnten Sie auch sagen, daß die Linguisten von der Bedeutung grammatikalischer Übereinkünfte überzeugt sind, während die Sprecher sich darum einen Teufel scheren. Das Argument zieht nicht!«

»Es ist durchaus möglich, daß die Sprecher sich einen Teufel darum scheren«, entgegnete Chomsky heiter. »Man muß es beweisen.«

CHOMSKY HATTE ZUR EVOLUTIONSTHEORIE immer ein zwiespältiges Verhältnis. Er folgt der Konvention, insofern er sie als Erklärung für die meisten biologischen Phänomene akzeptiert, doch läßt er sie nicht für die Sprache gelten. Wenn man ihn auf diesen Widerstand anspricht, zuckt er mit den Schultern und bemerkt, daß unser Wissen über diese Zusammenhänge bestenfalls für Spekulationen taugte. Er beruft sich auf die von Stephen Jay Gould und Richard Lewontin entwickelte Theorie der »Spandrillen«. Das ist die Bezeichnung für Nebeneffekte der Evolution, die sich nicht der Auslese verdanken, sondern als Folge anderer Entwicklungen auftreten. Er hält es für möglich, daß wir irgendwann einmal entdecken, daß die Sprache im menschlichen Gehirn als Folge eines bislang noch unbekannten physikalischen Gesetzes entstanden ist: Vielleicht bringen biologische Systeme wie Gehirne just dann eine linguistische Struktur hervor, wenn sie einen gewissen Grad von Komplexität erreicht haben, so wie bestimmte Komponenten zu einer kristallinen Struktur zusammenschießen.

★ ★ ★

Chomsky mag mit der Annahme, die Sprache sei nicht das Produkt einer allmählichen Entwicklung, recht haben, aber auch er würde zugeben, daß diese Idee rein spekulativ ist. Er *zieht* es einfach *vor*, das Sprachorgan als ein in sich geschlossenes System zu denken, dessen Ursprung mysteriös ist. Nicht umsonst hat man ihn einen »Krypto-Kreationisten« genannt. Steven Pinker, der gleichermaßen Darwin und Chomsky bewundert, meint, daß Chomskys ablehnende Haltung einem allgemeineren Mißtrauen gegenüber Argumenten entspringt, die menschliche Fähigkeiten aus der Nützlichkeit ableiten wollen. Schließlich geht die Theorie der natürlichen Auslese davon aus, daß sich Dinge entwickeln, weil sie nützlich sind, und ist damit eine umfassendere Version der behavioristischen These, derzufolge Menschen, ganz wie Tiere, aus Eigennutz handeln. Chomsky aber sieht den Antrieb menschlichen Handelns im Verlangen nach schöpferischen Ausdrucksmöglichkeiten und nicht nach etwas so grobem und niedrigem wie der individuellen Vorteilsnahme.

Daniel Dennett, der an der Tufts University Philosophie lehrt, glaubt, daß Chomskys Widerstand auch mit der Ablehnung der eher zufallsbedingten, technischen Spielereien vergleichbaren Aspekte der Evolution zusammenhängt: Chomsky möchte sich die Sprache als ein vollkommenes, vereinheitlichtes System vorstellen.

Er war nicht der erste, der diese Idee hegte. Im Mittelalter gab es die »Modisten«, eine Gruppe von Gelehrten, die, ebenso wie im 17. Jahrhundert die Schule von Port-Royal, glaubte, daß alle Sprachen auf einer gemeinsamen Grammatik beruhten, in der sich die Struktur des göttlichen Geistes spiegele. (Chomsky las die Texte dieser Schulen als junger Mann und erwähnt oft, welchen Einfluß sie auf ihn hatten.) Im 19. Jahrhundert sahen es einige Sprachwissenschaftler als ihre Aufgabe an, die im Wirrwarr der vielzüngigen modernen Sprachen sich verbergende ursprüngliche Sprache zu entdecken, die von Adam und Eva im Paradies gesprochen wurde und bis zur babylonischen Verwirrung die einzige Sprache der Menschen gewesen ist.

Die moderne Linguistik hat, darin ist man sich einig, mit einer Ansprache begonnen, die Sir William Jones, der Gerichtspräsident von Bengalen, 1786 vor der Royal Asiatic Society hielt. Jones stellte die Hypothese auf, daß Sanskrit, Latein und Griechisch einer gemeinsamen Quelle ent-

sprungen seien, wodurch er einige Generationen von Gelehrten dazu inspirierte, diese Sprachen untereinander im
Hinblick auf Lautmuster und Bedeutungen zu vergleichen.
Sie entdeckten, daß einige Wörter im Übergang von einer
Sprache zur anderen regelmäßigen Lautwandlungen unter-
lagen: Wie das lateinische *pater* im Deutschen zu *Vater* und
im Englischen zu *father* wurde, so *piscis* zu *Fisch* bzw. *fish*.
Gegen Ende des 19. Jahrhunderts waren die familiären Beziehungen zwischen den indoeuropäischen Sprachen weitgehend offengelegt worden, während zur gleichen Zeit
Franz Boas, ein linguistisch orientierter Anthropologe, der
aus Deutschland nach Nordamerika ausgewandert war, die
europäische Neigung, alle Sprachen auf das Lateinische zu-
rückzuführen, zunehmend irritierend fand. Mochten die
indoeuropäischen Sprachen eine gemeinsame Wurzel haben, so hieß das doch nicht, daß auch alle anderen arme
Verwandte der einen Familie sein mußten. Boas sah in den
bereits aussterbenden Sprachen der amerikanischen Eingeborenen eine Möglichkeit und einen Auftrag: Er forderte,
daß die Linguisten, anstatt tote oder bekannte lebende
Sprachen zu studieren, Amerika bereisen und verborgene
verbale Schätze heben sollten, so wie die Botaniker Jagd auf
bislang unentdeckte Pflanzenarten machten. Der Auftrag
machte sich bezahlt, denn es stellte sich heraus, daß die
Sprachen der Eingeborenen mit den indoeuropäischen und
sogar miteinander nicht verwandt waren. Obwohl sie in unmittelbarer Nachbarschaft zueinander entstanden waren,
wiesen sie nicht mehr Gemeinsamkeiten auf als das Tamili-
sche und das Baskische.
    In den zwanziger und dreißiger Jahren des vorigen Jahr-
hunderts baute Leonard Bloomfield, ein an der University
of Chicago lehrender Linguist, Boas' anthropologisch fun-
dierte Sprachforschungen zu einer vollständigen taxonomi-

schen Wissenschaft aus. So wie Skinner glaubte, daß eine wissenschaftliche Psychologie ihre Aufmerksamkeit auf das beobachtbare Verhalten beschränken sollte, glaubte Bloomfield, daß eine wissenschaftliche Linguistik sich ausschließlich mit schriftlichen Zeichen und sprachlichen Lauten zu beschäftigen habe. Auch und gerade weil er sich ein so begrenztes und bearbeitbares Feld schuf, war Bloomfields Ansatz dermaßen erfolgreich, daß Mitte der vierziger Jahre, als Chomsky sein Studium begann, viele Linguisten meinten, in ein paar Jahren würde das Feld bestellt und die Arbeit vollendet sein.

Als 1957 Chomskys erstes Buch, *Syntactic Structures*, erschien, traten seine revolutionären Absichten nicht sogleich zu Tage. Ursprünglich nahm man an, es handle sich um einen nützlichen Anhang zur bisherigen Forschungsliteratur, der Bloomfields Theorie für die bislang arg vernachlässigte Syntax fruchtbar machen wollte. Ein Jahr später jedoch, auf einer Konferenz in Texas, ging Chomsky in die Offensive. Die Bloomfieldianer, so sagte er, hätten sich zwar eingebildet, einem vormals zu den Humanwissenschaften gerechneten Fach wissenschaftliche Rigorosität zu verpassen, seien in Wirklichkeit von Wissenschaft jedoch denkbar weit entfernt. Denn diese habe den Anspruch, die Welt zu erklären, die Bloomfieldianer würden sie jedoch, weil sie sich nur mit den Oberflächenphänomenen von Sprache beschäftigten, lediglich beschreiben. Sprachen als verschiedenartig und in ihrer Entwicklung unvorhersehbar aufzufassen hieße, so Chomsky weiter, sich von nebensächlichen Differenzen ablenken zu lassen. Ihrem Wesen nach seien Sprachen keine kulturellen Artefakte, die da draußen in der Welt existierten; die Grammatik komme von innen, sie gehöre zur biologischen Ausstattung des Menschen und habe, ungeachtet der bunt-geräuschvollen kulturellen Kulissen, eine universelle Struktur, die zu erkennen Aufgabe des Linguisten sei. Man müsse gar nicht, wie es die Bloomfieldianer jahrzehntelang getan hätten, im Schweiße des Angesichts Daten von allen möglichen Sprachen sammeln, denn wenn sie sich in ihren Wurzeln nicht voneinander unterschieden, reiche für den Anfang das Englische aus. Linguistik ließe sich in der Universität betreiben.

Die Bloomfield-Anhänger schlugen erbittert zurück. Sie nannten Chomsky (wegen seiner Vorliebe für die Modisten) mittelalterlich und waren ob seiner Geringschätzung von Daten entsetzt. Einige Jahre lang arteten linguistische Konferenzen in wahre Schlachten aus. Chomsky versammelte im MIT eine Gruppe junger Studenten um sich, die fast so kriegerisch waren wie er. Einer von ihnen, Robert Lee, entwickelte einen Stil, den er später als »Leute blöd nennen« charakterisierte. Ein Angriff, den Paul Postal, einer von Chomskys engsten Verbündeten, auf einem Treffen der Linguistic Society führte, war so rabiat, daß er aus den Sitzungsprotokollen gestrichen wurde.

Chomskys Studenten am MIT hielten sich für die Avantgarde der Revolution. Ein halbes Jahrhundert lang hatten Sozialwissenschaftler und Philosophen sich eingeredet, der Geist sei etwas Vages und Gestaltloses, den man, da er sich einer rigorosen wissenschaftlichen Analyse entziehe, besser unbeachtet lasse. Chomsky erklärte diese Ansichten für falsch: Der Geist sei ein wunderbares System, dessen Konstruktion in der Sprache sichtbar werde; und wer das Rätsel der Sprache löse, trüge den Hauptgewinn davon – die Erkenntnis der Struktur des Denkens. Chomskys Studenten waren Angehörige einer heiligen Armee, deren Angriffe mit theologischer Wucht vorgetragen wurden. Nieder mit der Ketzerei, es ging um Wahrheit und Wissenschaft! Und dieser Wucht lag eine fast theologische Verehrung für

Chomsky selbst zugrunde. »Es grenzte an Anbetung«, schrieb Robin Lakoff, ein Mitglied dieser Gruppe, später. »In Chomskys Gnade zu stehen bedeutete ... seiner würdig zu sein und auf eine sei es noch so geringe Weise an seiner Göttlichkeit teilzuhaben.« Chomsky schien, mit seiner reservierten Haltung, seiner ruhigen Stimme und seinen erstaunlichen geistigen Fähigkeiten, für die Studenten eine Gestalt der reinen Vernunft, ein Werkzeug der Wahrheit zu sein. »Noam ist kein menschliches Wesen«, bemerkte der ebenfalls zur MIT-Gruppe gehörende Jay Keyser einmal. »Er ist ein Engel.« Im übrigen war Chomskys Revolution erfolgreich: Nach wenigen Jahren galten Bloomfields Ideen als vollkommen überholt.

★ ★ ★

Chomsky ist seinem Temperament nach alles andere als ein politischer Aktivist. Auf Fotografien aus der Zeit des Vietnamkriegs sieht er zwar sehr viel jünger aus, als er war, aber seine konventionelle Kleidung und sein ordentlicher Haarschnitt weisen ihn als einen Mann der fünfziger Jahre aus. Er ist kein Marschierer und kein die Massen aufrührender Redner; er läßt sich nicht hinreißen und verfällt nicht dem Taumel der Barrikaden. Obwohl er sich seit vierzig Jahren politisch intensiv engagiert und man sich kaum vorstellen kann, daß er nicht irgendeine Art von Genugtuung empfindet angesichts der Mengen, die ihn zu hören und zu feiern herbeiströmen – seine Freunde und seine Frau meinen, das sei so, obwohl er selbst es niemals zugeben würde –, ist doch deutlich spürbar, daß er einen Großteil der Zeit, die er mit politischer Arbeit verbringt, lieber für sich allein hätte. Wenn es ein Thema gibt, das sich wie ein roter Faden durch sein Leben und seine Arbeit zieht, so ist es die

Isolation. Eingreifend handeln, mit anderen reden, Gelehrsamkeit verbreiten – all diese Tätigkeiten sind Eindringlinge, die die hermetisch abgeschlossene Heiligkeit des Selbst stören.

»Er möchte, daß die Welt verschwindet«, sagt Carol. »Daß die Welt sein Engagement nicht erforderlich macht. Er möchte, daß jede Gesellschaft auf anständige Weise demokratisch und alles geordnet ist, damit er sich nicht einmischen muß. Nein, ich glaube nicht, daß er es genießt. Wäre die Welt nicht so, wie sie ist, wäre alles einfacher. Aber die Welt ist nun einmal so.« Chomsky engagiert und enragiert sich politisch, weil das, was er als Ungerechtigkeit begreift, ihn zornig macht. »Er kann sich sehr aufregen«, meint Carol. »Es trifft ihn immer schwer. Er kann es nicht aushalten. Jeden Morgen liest er die Zeitung und schneidet Artikel aus und murmelt: ›Hör dir an, was Powell wieder von sich gegeben hat‹, und so weiter. Es macht ihn wütend.«

Zweifellos auch aus diesem Grund neigt Chomsky dazu, in seinen politischen Schriften und Vorträgen mit unnachgiebiger Härte nur von den Schrecken der Vergangenheit und der Gegenwart zu reden. Utopia interessiert ihn nicht. Pflichtbewußtsein und Zorn bewegen ihn zu seinem Engagement, auch Mitgefühl, das indes eher abstrakt und unpersönlich ist, weil es sich auf jegliches Unrecht, jegliches Opfer von Gewalt bezieht. Er sieht sich dazu verpflichtet, Untaten anzuprangern, aber nur jene, die sein Gemüt erregen. Chomskys Kritiker bemängeln oft, daß es ihm immer nur um die Vergehen der USA zu tun ist, während er von anderen Staaten begangenes Unrecht ignoriert oder hintanstellt, aber auch das ist eine Konsequenz seines beschränkten Mandats. Es ist nicht so, daß ihm die amerikanische Regierung besonders verhaßt wäre; als Anarchist sind ihm *alle* nationalen Regierungen verhaßt. (Oft betont er, daß die Vereinigten Staaten trotz aller Fehler immer noch das freieste Land der Welt sind.) Er kritisiert die USA, weil er sich als Amerikaner für deren Schlechtigkeiten verantwortlich fühlt und aufgrund seiner gesellschaftlichen Position die Möglichkeit sieht, Einfluß zu nehmen, doch erstreckt sich sein Verantwortungsbewußtsein nicht auf die ganze Welt.

DIE ENTSCHEIDUNG, SICH ERNSTHAFT IN DIE Politik einzumischen, ist Chomsky nicht leicht gefallen. Er führte ein angenehmes Leben, das er ungern aufgab. Als er sich Mitte der sechziger Jahre der Antikriegsbewegung anschloß, war diese noch nicht das spätere Massenphänomen. Er hielt viele Vorträge, die zumeist in Kirchen oder privaten Wohnzimmern stattfanden und zu denen nur wenige Leute erschienen. Als die Bewegung größere Aufmerksamkeit erregte, wurden auch die Probleme größer. Chomsky ging nicht nur mit Vorträgen gegen den Krieg an, sondern weigerte sich zudem zehn Jahre lang, seine Steuern zu zahlen. Er unterstützte Kriegsdienstverweigerer und »Drückeberger«, wurde mehrmals festgenommen, und sein Name landete auf Nixons Schwarzer Liste. »Es war schon nicht einfach, Entscheidungen zu treffen, die einen ins Gefängnis bringen konnten«, sagt er. »Nicht, daß man Angst davor gehabt hätte, gefoltert zu werden – schließlich leben wir nicht in der Türkei. Aber es ist nicht einfach, wenn man ein angenehmes Leben führt und mit seiner Arbeit zufrieden ist und die Kinder gerade heranwachsen.« Als er befürchten mußte, mehrere Jahre im Gefängnis zu verbringen, kamen er und Carol zu dem Entschluß, daß sie noch einmal studieren und ihren Doktor machen solle, damit sie notfalls die Familie über Wasser halten konnte. Sie schrieb eine Dissertation über frühkindlichen Spracherwerb und lehrte später an der Harvard Graduate School of Education. Chomsky mußte zwar nicht ins Gefängnis, aber sein Aktivismus hatte andere Folgen. »In den späten Sechzigern gab es viele persönliche Brüche, einige von ihnen waren ziemlich scharf«, sagt er. »Die ganze Situation war zu angespannt. Als der Vietnamkrieg richtig angeheizt wurde und man sich ernsthaft dagegen engagierte, konnte man nicht mehr so einfach mit Leuten sprechen, die anderer Meinung waren, und das war auch umgekehrt so. Es waren zu viele Gefühle und Besorgnisse mit im Spiel, sogar die Sorge um das eigene Leben. Es zehrte einen auf.«

Durch seine Tätigkeit in der Antikriegsbewegung verlor Chomsky einige Freunde, aber das war nichts, verglichen mit seiner Haltung gegenüber Israel, insbesondere nach dem Sechstagekrieg von 1967. »Nach '48 war man als Gegner eines jüdischen Staats ziemlich marginalisiert, aber nach '67 wurden die Auseinandersetzungen darüber zum Kampf«, bemerkt Chomsky. »Auf einmal waren Leute, die in ihrem ganzen Leben noch nichts mit Zionismus zu tun gehabt hatten, fanatische Zionisten. Meiner Meinung nach hing das vielfach mit innenpolitischen Problemen in den USA zusammen. Selbst meine Verwandten in der Kommunistischen Partei wurden zu wütenden Reaktionären. Man konnte sehen, woran das lag: Sie wurden von Schwarzen angegriffen, die in ihnen die Unterdrücker sahen.«

Als Jungverheiratete zogen Carol und Noam ernsthaft in Erwägung, nach Israel überzusiedeln und sich einem Kibbuz anzuschließen. Für Chomsky gehörten die Kibbuzim zu den wenigen Gesellschaften, die anarchistische Grundsätze in die Praxis umgesetzt hatten: Sie waren demokratisch und nicht-hierarchisch und sorgten für eine faire Verteilung der körperlichen Arbeiten. 1953 lebten Carol und Noam einen Monat lang auf Probe in einem linksorientierten, von Martin Bubers Ideen beeinflußten Kibbuz namens Ha-Zorea. Chomsky, der über keine besonderen handwerklichen Fähigkeiten verfügte, betätigte sich als Arbeiter in der Landwirtschaft. Er empfand die Atmosphäre im Kibbuz als rassistisch und ideologisch erstickend, doch der Grund, aus dem Carol und er sich schließlich gegen die Auswanderung entschieden, war ein anderer: Chomsky hätte, um an einer Universität arbeiten zu können, seine Familie nur noch am Wochenende gesehen.

Nach dem Sechstagekrieg war Chomskys Flirt mit Israel ohnehin endgültig vorüber. »Das Land hatte sich nach 1967 enorm verändert«, sagt er. »Hunderttausende illegaler Arbeiter aus Rumänien und Thailand, die die Drecksarbeit verrichten. Die meisten Leute sehen sie nicht einmal – sie leben versteckt in den Slums von Tel Aviv. Und dann sind da noch die besetzten Gebiete, eine andere Geschichte. All das frißt an den moralischen Fibern eines Landes. Seit meiner Kindheit bin ich mit Israel vertraut, es ist ein großer Teil meines Lebens, und niemals hat es eine solche Periode wie die nach '67 gegeben. Nach dem Sechstagekrieg warnte Jeschajahu Leibowitz, Professor an der Hebräischen Universität – ein hochgeachteter Talmudist, orthodoxer Jude usw. –, daß wir uns, wenn wir an der Besetzung festhielten, in, wie er es nannte, Judäo-Nazis verwandeln würden. Leider hatte er recht. Israel wird Südafrika immer ähnlicher.«

★ ★ ★

Viele Menschen haben das Gefühl, Chomsky sei mit seiner Israel-Kritik zu weit gegangen und ins Lager der Antisemiten übergewechselt. Dieser Verdacht fand vor fünfundzwanzig Jahren kräftige Nahrung, als die »Affäre

Faurisson« sich zu einem unerfreulichen Zwischenspiel in
Chomskys Leben ausweitete. Robert Faurisson, Professor
für französische Literatur an der Universität von Lyon-2,
war von seinen Lehrverpflichtungen entbunden worden,
nachdem Studenten en masse gegen seine Leugnung des
Holocaust protestiert hatten. Faurissons Verleger brachte
eine Petition in Umlauf, in der die Universität aufgefordert
wurde, das Recht auf freie Meinungsäußerung zu schützen.
Die Petition bezeichnete Faurisson als »angesehenen« Professor und nannte seine Äußerungen zur Judenvernichtung
»Forschungen«. Sie wurde in verschiedenen französischen
Zeitungen veröffentlicht und war u. a. von Chomsky unterzeichnet worden. Das löste natürlich bei Chomskys Anhängern beträchtliche Verwirrung und Unmut aus. Wie konnte
er eine solche Sache mit seinem Namen unterstützen? Und
wie kamen rechtsgerichtete Antisemiten überhaupt dazu,
sich an ihn zu wenden? Das Ganze erwies sich als ein Fall,
in dem, wie Nathan Glazer es ausdrückt, *»les extrêmes se
touchent«*. Faurissons Verlag, La Vieille Taupe [»Der alte
Maulwurf«], war ursprünglich ein Buchladen gleichen
Namens gewesen, der sich während der Pariser Studenten-
revolte 1968 zu einem inoffiziellen Treffpunkt der radikalen Linken entwickelt hatte. Mit den Jahren war die Gruppe um La Vieille Taupe so extrem und zugleich so isoliert
geworden, daß sie sich mit Ogmios, einem anderen politisch bewegten Buchladen, der allerdings zur antisemiti-
schen, fremdenfeindlichen Rechten gehörte, zusammenge-
schlossen hatte. Die Idee, Chomsky um Unterstützung zu
bitten, stammte von Serge Thion, einem Altlinken aus der
Gruppe um La Vieille Taupe.

Einige Monate nach Erscheinen der Petition bat Thion
Chomsky darum, eine öffentliche Erklärung zu dem Thema zu verfassen. Chomsky willigte ein und schrieb, daß sei-

ner Meinung nach das Recht auf freie Meinungsäußerung auch für Faschisten und Antisemiten gelte. Faurisson jedoch sei weder das eine noch das andere, sondern, wie Chomsky bizarrerweise formulierte, »ein relativ unpolitischer Liberaler«. Er schickte Thion die Erklärung mit dem Hinweis, dieser könne damit nach Belieben verfahren, woraufhin der Verleger sie in einem Buch von Faurisson als Vorwort abdruckte.

Zwei Monate später merkte Chomsky, daß er eine ziemliche Dummheit begangen hatte, etwas, das seine Glaubwürdigkeit selbst bei der Linken untergraben könnte. Er mußte befürchten, politisch nicht mehr für voll genommen zu werden. So bat er den Verleger, das Vorwort nicht zu drucken, aber dafür war es zu spät: Das Buch war bereits veröffentlicht, und auf dem Umschlag prangte Chomskys Name. Er hatte tatsächlich eine ziemliche Dummheit begangen und wurde dementsprechend scharf kritisiert: Er hatte Faurisson einen Liberalen genannt, eine Petition unterzeichnet, in der Faurissons Holocaust-Leugnung als »Forschung« ausgegeben wurde, und einem Buch, das ihm unbekannt war, einen Blankoscheck ausgestellt. Chomsky hat später vergeblich darauf hingewiesen, daß er es nicht für nötig hielt, *Die satanischen Verse* zu lesen, bevor er Petitionen zugunsten von Salman Rushdie unterschrieb. Logischerweise konnte, da er Faurissons Buch nicht gelesen hatte, seine Erklärung auch nicht als Einverständnis mit dessen Inhalt gewertet werden, aber für sein wütendes Publikum machte das keinen Unterschied.

Etwa zur gleichen Zeit beschäftigte sich Chomsky mit dem Problem US-amerikanischer Waffenlieferungen an Indonesien, als die indonesische Regierung in Ost-Timor Tausende von Menschen umbringen ließ. In den Vereinigten Staaten wußten nur wenige Leute von diesen Massakern, weil die Presse kaum darüber berichtete. Chomsky machte es sich zur Aufgabe, die Vorgänge an die Öffentlichkeit zu bringen, und verfolgte dieses Ziel einige Jahre lang mit großer Hartnäckigkeit. Er sah in der mangelnden Berichterstattung nicht einfach nur moralische Faulheit oder Desinteresse an einem kleinen, fernen Landstrich, sondern das Beispiel für ein altbewährtes Muster. In einem einflußreichen, zusammen mit Edward Herman verfaßten Buch, *Manufacturing Consent*, verglich Chomsky die kontinuierliche, wuterfüllte Berichterstattung der Presse über die Massaker von Pol Pot in Kambodscha mit dem gleichzeitigen Verschweigen der indonesischen Greueltaten. Die Presse, so lautete seine Schlußfolgerung, würde die Feinde der USA züchtigen, während sie die Verbrechen von Verbündeten ignorierte. Die Medien verstünden sich als unabhängig und kritisch, seien tatsächlich jedoch nichts anderes als Propagandaorgane der Regierung. Viele Leute erblickten in dieser Auffassung eine Verschwörungstheorie, doch argumentierte Chomsky, daß es gar keiner Verschwörung bedürfe. Man müsse nur die Tatsache ernstnehmen, daß die Medien Produkte auf einem Markt seien; die Behauptung, daß die Presse auf die Interessen der Eliten und ihrer Führer reagiere, ist ebensowenig eine Verschwörungstheorie wie die Behauptung, daß die Manager von General Motors auf die Interessen ihrer Investoren reagierten.

★ ★ ★

Liest man länger in Chomskys jüngsten politischen Schriften, hat man fast das Gefühl, körperlich geschädigt zu werden. Diese Wirkung läßt sich nur schwer an Zitaten demonstrieren, weil sie kumulativ ist. Er schreibt einen Katalog von Verbrechen, die die USA begangen haben;

es sind schreckliche Verbrechen, und es sind viele, aber nicht sie vermitteln dem Lesenden den Eindruck, daß er Schläge bekommt, sondern Chomskys Zorn, mit dem er die Untaten beschreibt. Seine Sätze sind wie Messer, die zerschlitzen und aufreißen und die Wunden zudem mit bösartigem Sarkasmus verätzen. Sein Rhythmus ist repetitiv und monoton wie das Hackgeräusch einer Maschine. Sein Schreiben ist so grausam wie die Verbrechen, die er beschreibt, doch von kalter Grausamkeit. Es ist nicht Chomskys Stil, den Tod lebendig zu schildern, den Leser mit grellen oder geisterhaft fahlen Bildern aufzurütteln. Er verwendet bestimmte Wörter immer und immer wieder: Greueltat, Mord, Genozid, Massaker, Mord, Massaker, Genozid, Greueltat, Greueltat, Massaker, Mord, Genozid, bis die Worte ihre Bedeutung verlieren und zu technischen Begriffen werden. Die Sätze sind Anschuldigungen, doch werden sie nicht aus einer Haltung der Unschuld oder der Hoffnung auf Besseres formuliert: Chomskys Sarkasmus ist der finstere Blick einer gefallenen Welt, das höhnische Grinsen eines Veteranen der Hölle, der die abgestoßenen Naivlinge verspottet.

Dagegen ist die Lektüre von Chomskys erstem politischen Buch, *American Power and the New Mandarins*, eine eigenartige und bewegende Erfahrung. Das 1967 veröffentlichte Buch enthält einige von Chomskys frühesten politischen Schriften, die zumeist vom Vietnamkrieg handeln. Der hier angeschlagene Ton ist völlig anders als in seinen späten Werken. Schon jetzt ist seine Kritik rücksichtslos, doch fehlt ihr der zersetzende Sarkasmus. Er hegt Hoffnungen für die Zukunft, und wenn er »wir« sagt, meint er die Vereinigten Staaten. In dem berühmten Essay »The Responsibility of Intellectuals« weist er den Intellektuellen, die heute für ihn fast nur noch Höflinge der Macht sind, die noble Aufgabe zu, politische Unwahrheiten und Lügen aufzudecken. »Die Jugend dieses Landes hat eine neue Art entdeckt, Fragen zu stellen und zu rebellieren. Das ist eine insgesamt heilsame und hoffnungsvolle Entwicklung, die vor zehn Jahren kaum jemand vorhergesehen hat«, schreibt er. »Überall regt sich Besorgnis, erwacht das Engagement und läßt darauf hoffen, daß wir die Verbrechen der jüngsten Vergangenheit nicht wiederholen werden.«

Nicht nur seine politischen Schriften zeigen, wie bösartig Chomsky in Auseinandersetzungen werden kann. »Die Leute begreifen nicht, daß Noam in Sachen Linguistik keinen Spaß versteht. Das ist das Problem mit ihm«, meint Morris Halle, seit den fünfziger Jahren Chomskys Kollege und einer seiner engsten Freunde. »Er nimmt sein Fach tödlich ernst. Und das kann zu Schwierigkeiten führen. Eine Linguistin, die ich kenne, fragte ihn einmal wegen einiger methodischer Probleme um Rat und brachte ihn dabei irgendwie in Fahrt. Und er verpaßte ihr diese Bemerkung und jene und noch eine und ließ sich einfach nicht aufhalten. Sie fing an zu weinen und war furchtbar aufgeregt. Als ich hinterher mit ihm sprach, sagte er: ›Sie wollte nicht mit mir plaudern, sondern hatte technische Fragen.‹ Er hatte nicht das Gefühl, unfreundlich zu ihr gewesen zu sein. Ein Small talk über Linguistik ist für ihn unvorstellbar.«

Chomsky wird oft der Vorwurf gemacht, sich als Guru aufzuspielen und den um ihn grassierenden Kult noch zu fördern, aber wenn er ein Guru sein wollte, würde er nicht so fleißig daran arbeiten, seine Anhänger immer wieder zu verprellen. »Das ist die Psychologie der Alpha-Männchen«, bemerkt ein Kollege. »Er hat so etwas von dem Herrschaftsverhalten bei Primaten an sich. Den Blick von oben herab. Den vernichtenden Tonfall.« Revolutionen, bisweilen auch intellektuelle, sind brutal und werden von brutalen Persönlichkeiten durchgeführt. Als man Benjamin Jowes, einen engen Freund von Florence Nightingale, bat, sie zu beschreiben, erwiderte er: »Gewalttätig. Sehr gewalttätig.« Chomsky ist ein außerordentlich gewalttätiger Mensch.

Obwohl er ein sehr gewiefter Rhetoriker ist, hegt Chomsky die feste Überzeugung, daß seine Erörterungen ausschließlich aus Tatsachen und Argumenten bestehen, die vom Publikum mit der Unvoreingenommenheit eines Computers bewertet werden. Für seine politischen Arbeiten führt er sogar die alberne Behauptung ins Feld – übrigens ganz im Gegensatz zum raffiniert anti-empiristischen Ansatz, den er in der Linguistik bevorzugt –, daß er *lediglich* Tatsachen präsentiert und sich keinen allgemeinen Theorien irgendwelcher Art verschreibt. (Seine Theorien sind natürlich in seinem Tonfall enthalten – in jenem Sarkasmus, der impliziert: »Das war nach Sachlage der Dinge nicht anders zu erwarten.«) Dieser Anspruch auf rhetorische Reinheit hat Chomskys Gesprächspartner oft genug zur Weißglut gebracht, und einige von ihnen weisen gern darauf hin, daß seine aus Zeitungsausschnitten stammenden Tatsachen nicht immer die genauesten sind. »Hier sind die Fakten, andere gibt es nicht«, sagt Christopher Hitchens, indem er sich über Chomskys Anspruch auf Objektivität lustig macht. »Und wenn jemand Einwände erhebt, lautet die nächste Frage: ›Willst du damit etwa sagen, daß du gegen die Wahrheit bist?‹ Als ob es nicht etwas Besseres gäbe als einen derart kruden Empirismus. Ich meine, das ist doch sehr vulgär. Und das ist die autoritäre Persönlichkeit.« Aber Chomsky glaubt fest daran, daß er nichts präsentiert als die Tatsachen. »Mir wäre bei dem Gedanken, daß ich das Bewußtsein der Leute bei einer Angelegenheit von menschlicher Bedeutung beeinflussen könnte, sehr unwohl«, hebt er hervor. »Wer bin ich, daß ich ihr Bewußtsein ändern dürfte? Wenn ich ihnen die Tatsachen mitteilen kann, schön und gut. Aber niemand sollte die Autorität besitzen, das Bewußtsein zu ändern, und wer sie hat, sollte sie nicht benutzen.«

★ ★ ★

Chomsky hat über die Jahre viele Schlachten geschlagen, politische und linguistische, aber die vielleicht heftigste war der in den späten sechziger und frühen siebziger Jahren geführte Kampf, der unter dem Titel »Die linguistischen Kriege« in die Geschichte eingegangen ist. Die erste Aufgabe, die sich Chomsky nach der Vernichtung des Bloomfieldianismus in seinem neuen Betätigungsfeld gestellt hatte, bestand in der Konstruktion einer englischen Grammatik. Im Zentrum stand dabei der Begriff der »Tiefenstruktur«, worunter er einen Satz verstand, der anderen Sätzen zu Grunde lag und in die er durch bestimmte »Transformationen« umgewandelt werden kann. So können z. B. die Sätze »John is easy to please« [»John ist leicht zu erfreuen«] und »Is John easy to please?« [»Ist John leicht zu erfreuen?«] als Ableitungen von »For us to please John is easy« [»Für uns ist es leicht, John zu erfreuen«] analysiert werden. Dieser letztere Satz enthält eine für das Englische grundlegende syntaktische Anordnung von Subjekt, Verb und Objekt. Dadurch konnte Chomsky die Beziehung zwischen aktiven, passiven und interrogativen Versionen ein und desselben Satzes in ein Schema bringen, wobei er seine Analysen auf die englische Sprache beschränkte.

Mitte der sechziger Jahre jedoch wurden einige seiner Studenten ungeduldig: Sie wollten schneller zur Universalgrammatik vorstoßen und begannen daher, andere Sprachen zu untersuchen. Beim Versuch, deren Daten in das bisherige Bild zu integrieren, schien ihnen die syntaktische Vielfalt zu groß, um eine Universalgrammatik auf der Syntax aufzubauen – sie müsse eher, schlossen sie, auf etwas Allgemeinerem wie z. B. Logik beruhen. 1966 machte Chomsky ein Jahr lang Forschungsurlaub in Berkeley, und ohne die Schwerkraft seiner Präsenz blühte diese Bewegung, die später als »generative Semantik« bekannt wurde, auf.

Federführend bei der Entwicklung der generativen Semantik waren vier junge Linguisten, die sich »die vier Reiter der Apokalypse« nannten. Sie waren nicht sehr viel jünger als Chomsky, aber durch die Gegenkultur der sechziger Jahre geprägt. Chomsky bezeichnete, ganz das Alpha-Männchen, seinen Ansatz als »Standardtheorie«, während die jungen Leute ihren Theorien Namen gaben wie »Clyde«, und ihre Beispielsätze waren verwickelt und steckten voller Scherze und Anspielungen. Einer von ihnen lautete: »The M. C. introduced Mick Jagger's penis as being large enough to amaze the most jaded of groupies.« [»Der M. C. (Master of Ceremonies/Zeremonienmeister, oder Member of Congress/Kongreßmitglied) stellte Mick Jaggers Penis als groß genug vor, um noch das gelangweilteste Groupie in Erstaunen zu versetzen.«] Einer der »vier Reiter«, James McCawley, schrieb unter dem Pseudonym Quang Phuc Dong vom »South Hanoi Institute of Technology« und trug, wie die anderen, ein T-Shirt mit dem Aufdruck »S. H. I. T.«. Zudem hatten die generativen Semantiker andere intellektuelle und ästhetische Neigungen als Chomsky, dessen mathematisch orientierter Geist Sprache als formales System im abstraktesten Sinne des Wortes auffaßte. Die generativen Semantiker dagegen kamen aus den Humanwissenschaften und interessierten sich für die konkrete Alltagssprache von Menschen.

Grundlegend für Chomskys linguistische Revolution war die Unterscheidung zwischen »Performanz« und »Kompetenz«. Unter »Performanz« verstand er die alltägliche Sprachverwendung: flüchtig dahingesagte Sätze, die unvollkommen waren aufgrund unwillkürlicher Versprecher, mangelnder Aufmerksamkeit, typischer Fehler, seltsamer idiomatischer Redewendungen. »Kompetenz« dagegen war das generische Wissen, das ein Muttersprachler von der Sprache besaß – die Satzformen, die er intuitiv als wohlgebildet erkennen würde. Chomsky meinte, die Linguistik müsse sich mit der Performanz nicht weiter befassen – die Alltagssprache sei kaum mehr als ein »Geräusch«, das für eine Grammatiktheorie so unerheblich sei wie für einen Biologen die Narben an Gliedmaßen, deren Funktion er beschreibt. Und nicht nur die Umgangssprache hielt er bei der Entwicklung linguistischer Erkenntnisse für nebensächlich, sondern für ihn war Kommunikation allgemein kein besonders wichtiger Aspekt der Sprache. Wichtig war sie in erster Linie als Denkwerkzeug, als Mittel zur Strukturierung des Denkens.

Diese Auffassung hielten die generativen Semantiker für verrückt. McCawley verglich die Dualität von Performanz und Kompetenz mit einer Theorie des Magens, bei der die Verdauung außer acht gelassen werde. Beeinflußt von der »Philosophie der normalen Sprache«, argumentierten die Semantiker, daß Sätze nur innerhalb eines spezifischen Gesprächszusammenhangs verstanden werden könnten. Eines ihrer typischen Beispiele ist der Satz »Spiro conjectures Ex-Lax« [»Spiro vermutet, mit Ex-Lax«, wobei »Spiro« auf Nixons Vizepräsidenten Spiro T. Agnew verweist, während »Ex-Lax« ein Abführmittel in Schokoladenform ist]. Auf den ersten Blick sieht er wie grammatikalischer Unsinn aus, wird aber verständlich als Antwort auf die Frage: »Does anyone know what Pat Nixon frosts her cakes with?« [»Weiß jemand, womit Pat Nixon (die Präsidentengattin) ihre Kuchen glasiert?«] Chomsky hatte, um seine Grammatik von dem Durcheinander sozialer Zusammenhänge freizuhalten, methodologische Mauern errichtet, die von den generativen Semantikern fröhlich hier und da eingerissen wurden, um das wunderbare Chaos einströmen zu lassen.

1967 kehrte Chomsky aus Berkeley zurück und ging sofort zum Angriff über. Die generativen Semantiker fanden den Konflikt höchst irritierend: Chomsky war ihr Held, und jetzt schien er ihre Theorie nur aus Spaß an der Freud zu zerstören. Er kämpfte, so kam es ihnen vor, mit unfairen Mitteln und hatte es darauf angelegt, ihre Argumente willentlich mißzuverstehen. Chomsky bestritt dies natürlich alles – ihm ging es, wie immer, lediglich um die Berichtigung von Irrtümern. Die Situation war für eine normale akademische Auseinandersetzung zu emotional und artete schnell in Bösartigkeit aus. Immerhin hatten die generativen Semantiker im Kampf gegen Bloomfield gelernt, den Krieg um Theorien mit äußerster Grausamkeit zu führen, und so wurde Chomsky, der einst ihr Engel gewesen war, nun zum Satan.

Paul Postal, mittlerweile Professor an der University of New York, verachtet Chomsky immer noch mit erstaunlicher Leidenschaft. »Nach vielen Jahren bin ich zu der Überzeugung gelangt, daß alles, was er sagt, falsch ist«, meint Postal. »Er lügt einfach aus Freude am Lügen. Alle seine Argumente waren mit Unaufrichtigkeit und Täuschung durchtränkt. Es war, als ob er Schach mit ein paar zusätzlichen Figuren spielte. Es war ein einziger Schwindel.«

In den siebziger Jahren schließlich stellte Chomsky seine

Angriffe auf die generative Semantik ein und ignorierte sie einfach. Zu jener Zeit waren die meisten Linguisten von der Sachhaltigkeit der generativen Semantik überzeugt, und nicht einmal die linguistische Abteilung am MIT stand geschlossen hinter Chomsky. (Selbst heute noch, da Chomsky im allgemeinen den Ruf genießt, ein brillanter Linguist mit zweifelhaften politischen Ideen zu sein, sieht ihn eine nicht unbedeutende Minderheit von Linguisten als heroischen politischen Denker mit zweifelhaften linguistischen Ideen.) Als Chomsky jedoch einige Jahre später sein nächstes Modell entwickelt hatte, betrieb niemand mehr generative Grammatik; auch aus dieser Schlacht also war er als Sieger hervorgegangen.

IN DEN LETZTEN DREISSIG JAHREN HAT CHOMSKY zwei weitere linguistische Revolutionen in Szene gesetzt, bei denen er jedesmal viele frühere Aussagen verwarf. Diese Revolutionen haben einen gewissermaßen maoistischen Effekt: Die chomskysche Lehre wird niemals gänzlich zum Bestandteil der Öffentlichkeit und der normalen Wissenschaft, sondern ihre Wurzeln verbleiben im Menschen selbst. Mit jeder Revolution verliert Chomsky einige Anhänger, doch wer ihm weiterhin folgt, fühlt sich belebt.

Anfang 1979 verbrachte Chomsky einige Monate in Italien, wo er Vorträge hielt, die später als »Pisa-Vorlesungen« bekannt wurden. In dieser Zeit kam er zu der Einsicht, daß traditionelle grammatische Konstruktionen wie das Passiv oder Relativsätze, die er in den vergangenen zwanzig Jahren analysiert hatte, nur konventionelle Artefakte seien, während die wirklich interessanten Eigenschaften der Syntax diese Grenzen überschritten. Da traditionelle Konstruktionen in unterschiedlichen Sprachen unterschiedlich ausfallen, konnte ihre Beseitigung Linguisten das Gefühl vermitteln, daß sie plötzlich dem von Chomsky zwanzig Jahre zuvor verkündeten Ziel sehr viel näher gekommen waren – der Entdeckung jener universellen Prinzipien, die allen Sprachen zugrunde liegen und im menschlichen Hirn fest verdrahtet sind.

Im Herbst 1979 kehrte Chomsky ans MIT zurück, im Schlepptau eine große Zahl von Adepten. Viele generative Grammatiker kamen aus Europa nach Cambridge, Massachusetts, aber auch aus allen anderen Teilen der Welt fanden sich Linguisten ein, um miteinander und mit Chomsky zu diskutieren und am Donnerstagnachmittag an seinen berühmten Syntax-Seminaren teilzunehmen. Alle wollten sich der neuesten Revolution anschließen. Brandneue, unglaublich interessante Arbeit aller Art wartete auf sie, und sie wollten daran beteiligt sein. David Pesetsky, jetzt Professor in Chomskys Abteilung, war damals graduierter Student am MIT. »Es *wirkte* wie eine Revolution«, sagt er. »Es war sehr aufregend. Plötzlich konnte man Fragen stellen, die niemals zuvor gestellt worden waren, und man konnte auf Fragen, die zuvor gestellt worden waren, wirkliche Antworten geben. Und es war ein unglaubliches Privileg, zu der Zeit hier studieren zu können. In gewisser Weise war es Schwindelei. Denn es war furchtbar einfach, etwas Interessantes zu sagen, was niemals zuvor gesagt worden war. Man konnte eine Berühmtheit werden!«

WAS AUS DIESER REVOLUTION ALS LEITIDEE hervorging, war der Begriff des Parameters. Chomsky und seine Studenten hatten zuvor so viele Regeln und Unterregeln entwickelt, daß die daraus entstandene Grammatik ziemlich barocke Züge trug. Und je komplizierter und anglozentrierter sie wurde, desto schwieriger wurde die Vorstellung, sie könnte im Gehirn von Neugeborenen fest verdrahtet sein. In Pisa hatte Chomsky mit Linguisten diskutiert, deren Muttersprache nicht das Englische war, und dadurch war das Problem für ihn nur noch dringlicher geworden. Er fand eine radikale Lösung. Hatte er zuvor gedacht, daß es die Aufgabe des Linguisten sei, eine Grammatik zu entwickeln, deren Regeln für alle Sprachen gültig sind, lag der entscheidende Dreh nunmehr darin, Sprachen anders zu denken: Sie unterschieden sich, so Chomskys Folgerung, voneinander auf eine begrenzbare Art und Weise. Fest verdrahtet im Gehirn war nicht die lang gesuchte universelle Grammatik, sondern so etwas wie eine Reihe von Ein-Aus-Schaltungen. Eine Schaltung wie »ein-aus-ein-aus« führte zur Produktion einer bestimmten Sprache, während eine Schaltung wie »aus-aus-ein-aus« eine andere hervorbrachte. Eine der von ihm entworfenen Schaltungen betraf, um ein Beispiel zu geben, die Wahl zwischen »Kopf zuerst« und »Kopf zuletzt«. Eine Sprache fällt unter die Kategorie »Kopf zuerst«, wenn der »Kopf« eines Satzes – das Nomen in einer Nominalphrase, das Adjektiv in einer adjektivischen Phrase [Blau, blau, blau blüht der Enzian] – am Anfang steht. So läßt sich in »Kopf zuerst«-Sprachen wie dem Englischen korrekterweise formulieren: »I heard ((rumors) that you are leaving town)« [»Ich hörte ((das Gerücht), daß du die Stadt verläßt)«], wobei »Gerüchte« das Nomen und »Gerüchte, daß du die Stadt verläßt« die Nominalphrase darstellt. Aber in einer »Kopf zuletzt«-Sprache wie dem Japanischen kann man korrekterweise sagen: »I ((that you are leaving town) rumors) heard.« [»Ich ((daß du die Stadt verläßt) Gerüchte) hörte.«] Chomsky nimmt nun an, daß bei Kindern nach ihrer Geburt die Sprache, die sie hören, ihr Gehirn veranlaßt, die für die jeweilige Muttersprache angemessenen mentalen Schaltungen zu betätigen. Auf einmal wirkten der Spracherwerb und die

Struktur des Sprachorgans sehr viel einfacher und eleganter als zuvor.

★ ★ ★

Im Dezember 2002 flog Chomsky kurz vor den Weihnachtsferien von Istanbul nach Diyarbakir, einer baufälligen, schmuddeligen, übervölkerten Stadt in der südöstlichen Türkei. Sie liegt am Ufer des Tigris, etwa einhundert Kilometer nördlich der Grenze zum Irak, und ist das Zentrum der kurdischen Guerillabewegung, die sich im Widerstand gegen die türkische Regierung befindet. Manche Kreise sehen in Diyarbakir die Hauptstadt eines unabhängigen Kurdistans. Als Chomsky auf dem winzigen Flughafen ankam, war es Abend und bitter kalt. Wie überall warteten auch hier viele Kameras und Mikrophone auf ihn. Im Speisesaal seines spartanischen, an sowjetische Bauart erinnernden Hotels wartete Diyarbakir auf Chomskys Erscheinen: Neben dem Bürgermeister hatten sich ein berühmter armenischer Romancier, ein kurdischer Dichter und eine ganze Anzahl kurdischer Menschenrechtsaktivisten eingefunden.

Chomsky war bereits im Februar in der Türkei gewesen, um einer Gerichtsverhandlung gegen seinen Verleger beizuwohnen. Aram, ein Verlag in Istanbul mit Beziehungen zur PKK, der Partei der kurdischen Widerstandskämpfer, hatte Artikel und Materialien von Chomsky veröffentlicht, darunter einiges, was im Internet zugänglich war. In den Artikeln kritisierte Chomsky die türkische Regierung wegen ihrer desaströsen Menschenrechtsverletzungen und ihrer Kurdenpolitik. Die Herausgeber wußten, daß sie aufgrund der Publikation strafrechtlich verfolgt werden würden – de facto hatten sie das Buch veröffentlicht, um diese Verfolgung zu provozieren und damit die Öffentlichkeit auf diesen Akt bürgerlichen Ungehorsams aufmerksam zu machen. Chomskys Anwesenheit im Gerichtssaal machte die Verhandlung zu einem internationalen Ereignis, und die Anklage wurde, vielleicht weil der Regierung diese unerwartete Überwachung unbehaglich war, fallengelassen. Die Medien umschwärmten Chomsky wie einen Popstar. Reporter, Fotografen und Kameraleute vom Fernsehen kampierten während seiner Anwesenheit drei Tage und Nächte vor dem Hotel, in dem er abgestiegen war.

Bei seinem Besuch in Diyarbakir wurde er von laut heulenden Klageweibern empfangen.

Grund des Besuchs war Chomskys Teilnahme an einer Menschenrechtskonferenz. Der Vortragssaal war geräumig, niedrig, fensterlos und von Neonleuchten erhellt. Gruppen lokaler Aktivisten hatten zu beiden Seiten der Bühne zwei Meter hohe, lolliförmige Pappschilder aufgestellt, die Namen und Farben der jeweiligen Organisation trugen und mit buntem Kreppapier geschmückt waren.

»Ich möchte ein paar Worte über das sagen, was unmittelbar vor uns liegt, und wie es sich möglicherweise auf die kurdischen Bevölkerungen im Nahen Osten auswirkt«, begann Chomsky seinen Vortrag. »Unzweifelhaft sucht die Regierung der Vereinigten Staaten mit Großbritannien im Schlepptau verzweifelt nach einem Grund, um gegen den Irak Krieg führen zu können, obwohl das Ungleichgewicht der Kräfte so groß ist, daß man den Begriff ›Krieg‹ eigentlich kaum verwenden kann.« Während er sprach, erschien ein gelbgetigertes Kätzchen und lief auf die Bühne zu. Als es die vielköpfige Menge gewahr wurde, erstarrte es vor Schreck. Kameraverschlüsse klickten. Das Kätzchen rannte kopfscheu hin und her und versteckte sich schließlich hinter einem Vorgang.

»Wie die meisten Staaten der Erde«, fuhr Chomsky, der von alledem nichts bemerkt hatte, fort, »ist auch der Irak ein künstliches Gebilde. Er wurde von den Herrschern der Welt vor achtzig Jahren zusammengewürfelt, um zwei Bedingungen zu erfüllen: Zum einen sollte Großbritannien und nicht die Türkei die riesigen Ölvorräte im Norden kontrollieren, zum anderen sollte die britische Dépendance namens Irak keinen Zugang zum Meer besitzen, damit der Status der Abhängigkeit gewahrt blieb. Als die Vereinigten Staaten vor sechzig Jahren das globale Management von Großbritannien übernahmen, ließen sie diese Arrangements unangetastet.« Ein zweites Kätzchen, gefolgt vom ersten, rannte auf die Bühne. Dann rollten sich die beiden zusammen und schliefen ein.

Auch Carol, die, in einen dunkelroten Daunenmantel gehüllt, in der ersten Reihe saß, war, das Kinn auf die Brust gesenkt, eingeschlafen. Es war eine lange Woche gewesen. Vor der Reise nach Diyarbakir hatte Chomsky drei mit Aktivitäten vollgestopfte Tage in London verbracht, war dann zu einem vierundzwanzigstündigen Zwischenaufhalt nach Genf und von dort aus nach Istanbul geflogen, wo er innerhalb von drei Tagen zusammen mit dem Bürgermeister eine Buchmesse eröffnet, auf einem Symposion über Frieden und Demokratie einen Vortrag gehalten, an einem Abendessen mit Gewerkschaftern teilgenommen, ein Linguistikseminar an der Bosporus-Universität veranstaltet und schließlich den zum ersten Mal verliehenen Friedenspreis des Türkischen Verlegerverbands entgegengenommen hatte. Chomsky ist jetzt vierundsiebzig, und diese anstrengenden Reisen fordern ihren Tribut.

»Die Reise war schrecklich«, sagte Carol später. »Noch so eine mache ich nicht mit. Was soll ich denn tun? Dabeisitzen und zusehen, wie er sich umbringt?« Sie hatte ihn

begleitet, um ihn dazu zu bewegen, sich mehr Ruhe zu gön-
nen, aber das war ihr nicht gelungen. »Vor ungefähr zehn
Jahren kam Noam von einer Reise nach Indien in einem
Zustand völliger Erschöpfung zurück«, berichtete sie. »Er
schleppte sich zu einem Arzt, der ihm sagte: ›Wenn Sie so
weitermachen, sind Sie bald tot. Sagen Sie für die nächsten
zwei Wochen alles ab und legen Sie sich ins Bett.‹ Er bekam
diätetische Vorschriften: die Hauptmahlzeit am Nachmit-
tag, nicht am Abend, zwanzig Minuten Entspannung in der
Badewanne. Der Arzt verschrieb ihm auch noch Valium
oder so etwas und meinte: ›Sie müssen das anders regeln.
Sie dürfen sich nicht der Gnade Ihrer Bittsteller ausliefern.‹
Wir vereinbarten, daß ich den Polizisten spielen sollte, weil
Noam nicht nein sagen kann, jemand anderes muß das für
ihn tun. Aber vor dieser Reise sagte er: ›Die Türkei ist eine
andere Sache, also komm mir nicht in die Quere. Wir können uns nicht an den Plan halten, weil die Lage dort so
schrecklich ist und die Leute dort alles mögliche brau-
chen.‹«

Carol teilt die Überzeugungen ihres Mannes und hat sich
selbst politisch engagiert, aber sie schätzt das damit verbundene Leben noch weniger als er. »Mein Leben hat sich sicherlich anders entwickelt als erwartet«, sagte sie. »Für
mich ist die interessante Frage, ob ich, wenn ich jetzt die
Gelegenheit hätte zu heiraten, mich für ihn entscheiden
würde. Das ist eine merkwürdige Frage«, fuhr sie fort.
»Wer weiß? Ich meine, es ist einfach ganz anders als das,
was ich erwartete. Dieser Ruhm und die Bekanntheit oder
wie man es nennen will. Der Einbruch des öffentlichen Lebens. Die Leute, die sich wie verrückt an ihn klammern.
Der Noblesse-oblige-Aspekt – manchmal sagt er: ›Ich muß
diesen Anruf einfach entgegennehmen.‹ Im Augenblick
sind wir soweit, daß das Telefon fast gar nicht mehr klingelt

außer mal um drei Uhr morgens, von einer Party, wo die Kids Ecstasy oder was auch immer schlucken.« Auf die Frage, ob sie irgendeine Entscheidung, die sie in ihrem Leben getroffen hat, bedauerte, denkt sie längere Zeit nach. »Naja, man nimmt es so, wie es kommt«, bemerkt sie schließlich. »Er redet mir nicht in meine Angelegenheiten herein und läßt mich tun, was ich will. Das macht alles sehr einfach.«

»Es ist völlig klar, daß die offiziellen Gründe für den Krieg nicht ernstgenommen werden können«, fuhr Chomsky fort. »Die Bush-Regierung befindet sich im Angriff auf die Bevölkerung« – er meinte damit die Innenpolitik. »Sie muß die Leute davon abhalten, aufmerksam zu werden, und das geht bekanntlich am besten, wenn man sie mit Märchen über Monster füttert, die drauf und dran sind, uns zu vernichten.«

Da Chomskys Vorträge ein zumeist düsteres Bild der Lage entwerfen, ist es den Fragenden danach um ein Zeichen der Besserung oder Hoffnung zu tun. Auch diesmal ging Chomsky mit den Sätzen, die er für solche Gelegenheiten reserviert, darauf ein. »In den letzten dreißig bis vierzig Jahren haben sich die Friedensbewegungen enorm ausgeweitet«, sagte er. »Und die Bewegungen für globale Gerechtigkeit sind ebenfalls ganz neu. Zum ersten Mal gibt es etwas, das wie eine richtige Internationale aussieht – der Traum der Arbeiterbewegung und der Linken seit ihrem Entstehen.« Carol hörte diesen Äußerungen müde und gedankenverloren zu. »Bei jeder Frageperiode heißt es gleich zu Anfang: ›Sie haben uns alles gesagt, was falsch läuft, nicht aber, was wir dagegen tun können‹«, meinte sie später. »Und die Leute haben recht. Er hat es nicht getan. Also gibt er ihnen eine Antwort, die in meinen Augen Schwindel ist: ›Ihr müßt euch organisieren, weil viele so denken, aber der eine vom anderen isoliert ist.‹ Er gibt diese Antworten, damit die Leute nicht allzu deprimiert nach Hause gehen. Er reagiert auf ihren Wunsch: ›Gib uns etwas, an das wir uns klammern können.‹«

Nach dem Vortrag drängten viele Menschen ans Rednerpult. Eine alte Frau mit einem Kopftuch bat Chomsky, er möge ihr helfen, ihre von der Armee aufgegriffenen Söhne zu finden. Er könne nichts für sie tun, antwortete er ihr. Nach kurzer Zeit gab Carol den Organisatoren ein Zeichen. Sie geleiteten Chomsky durch die Menge hindurch zum Ausgang, und die Riesenlollis wurden von ihren Besitzern weggetragen.

MICHAEL HAUPT

»DIE WAHHEIT VON DEN DÄCHERN SCHREIEN«: CHOMSKY UND DIE POLITIK

Victrix causa deis placuit, sed victa Catoni.
Lukan

Macht korrumpiert, und absolute Macht korrumpiert absolut.
Lord Acton

Farblose grüne Ideen schlafen wütend.
Noam Chomsky

Das Vorwort zur Erstausgabe von *Pirates and Emperors* beginnt mit einer Anekdote, die Chomskys politisches Credo brennpunktartig zusammenfaßt:

>»Der hl. Augustinus erzählt die Geschichte eines Piraten, der von Alexander dem Großen gefangen wurde. Alexander fragte ihn, wie er es wagen könne, die Meere unsicher zu machen. ›Wie kannst du es wagen, die ganze Welt unsicher zu machen?‹ entgegnete der Pirat. ›Weil ich nur ein kleines Schiff habe, nennt man mich einen Dieb, dich aber, der du eine große Flotte befehligst, einen Herrscher.‹

Die Antwort des Piraten war, so berichtet Augustinus, ›freimütig und geschickt‹.«

Das ist, aus anderer Perspektive gesehen, die Geschichte von David und Goliath, eine Geschichte, die Chomsky, mit wechselnden Facettierungen, immer wieder erzählen wird. Der alttestamentarischen Überlieferung zufolge konnte der junge David, später König Israels, den riesenhaften Philister Goliath mittels der listigen Verwendung einer Steinschleuder besiegen: Der Schwache triumphierte über den Starken. Hätte Goliath gewonnen, wäre David vielleicht als »Terrorist« in die Geschichte eingegangen. Diese aber hält es mit den Siegern, egal ob sie klein und schwach oder groß und stark sind. Wer siegt, hat recht und kann nun selbst zum Goliath werden. Das ist die Geschichte der Vereinigten Staaten: Eine abtrünnige Kolonie lehnt sich auf und wird schließlich zur Weltmacht, die ihrerseits Abtrünnige bestraft. Nur ist der David, der diesen Goliath erledigt, noch nicht gefunden.

Chomskys Ausgangs- und Endpunkt lautet: Macht ist der rücksichtsloseste Faktor in der Weltgeschichte; ein Goliath, der alles dafür tut, David klein und schwach zu halten und ihn, wenn er aufbegehrt, zu denunzieren, zu verfolgen, schließlich zu vernichten. Das ist kein Verbrechen, weil Herrscher, ihrer eigenen Anschauung nach, keine Verbrechen begehen. Was immer sie tun, es ist gerechtfertigt, geht es ihnen doch um höhere Ziele, von denen die Freiheit das edelste ist. Die Davids dieser Welt können da nur stören, und ihre Steinschleuder muß man ihnen rechtzeitig entreißen. (Daß die Davids auch kleine Goliaths sein können, ist nur ein weiterer pikanter Aspekt der negativen Dialektik von Macht und Recht.)

Historisch gesehen haben die Philister um 1000 v. Chr. das westjordanische Palästina beherrscht. Das gerade in

Entstehung begriffene Israel mußte mit ihnen notwendig in Konflikt geraten. 2067 Jahre später war Israel, so wollte es die öffentliche Meinung im Westen, der David, der den Goliath »arabische Welt« in die Knie zwang. Sind seitdem die Palästinenser der neue David?

Chomsky hält nichts von mythologisierenden Konstruktionen. Aber er weiß, daß die Geschichte von Siegern und Besiegten handelt, und daß er, Chomsky, einer Nation angehört, die zu den siegreichen zählt. Ihn jedoch interessieren die Verlierer, diejenigen Davids, denen der große Coup nicht (oder noch nicht) gelungen ist. Ihn interessieren die Opfer der Macht, die Verfolgten, Vertriebenen, Ermordeten: in Vietnam, Ost-Timor, Palästina, Nicaragua, Haiti, Südafrika, Indonesien usw. usf. Und ihn interessiert, wer die Definitionsmacht über Begriffe wie »Terrorismus«, »Widerstand« oder »Krieg« besitzt. Wer die Macht hat, kann auch über die Verwendung von Worten entscheiden, und auch das ist ein Krieg. In diesen Krieg greift Chomsky ein. Sein Rüstzeug, seine Rüstung ist die Sprache. Welche Taktiken verfolgt der Linguist als politischer Schriftsteller?

I

Seit gut vierzig Jahren verbringt Noam Chomsky einen nicht unbeträchtlichen Teil seiner Zeit damit, in Büchern, Artikeln und Vorträgen die Politik der Vereinigten Staaten kritisch zu sezieren. In beiden Amerikas, aber auch in vielen Schwellenländern anderer Kontinente genießt er seit langem den Ruf einer nahezu unhinterfragbaren moralischen Instanz, deren Interesse einzig darin liegt, Machtstreben und Gewaltbereitschaft US-amerikanischer Regierungen gleich welcher Couleur zu dokumentieren, zu brandmarken und – David gegen Goliath – zu bekämpfen. In Europa dagegen ist man auf den politischen Aktivisten Noam Chomsky erst in den letzten Jahren aufmerksam geworden, dafür aber so nachhaltig, daß der Linguist und Sprachphilosoph, den die akademische Welt seit Jahrzehnten heftig diskutiert, dahinter fast verschwindet. Während in den siebziger Jahren kein Student der Linguistik darum herumkam, sich mit Chomskys »Generativer Transformationsgrammatik« (kurz GTG) auseinanderzusetzen, dürften seine sprachwissenschaftlichen Theorien vielen jugendlichen Anhängern, die vielleicht Attac oder Greenpeace oder Amnesty International angehören, kaum noch bekannt sein. Seine Globalisierungskritik aber wird mittlerweile so eifrig diskutiert wie früher seine Forschungen zur Syntax.

Woher kommt dieser – auch und gerade in Deutschland bemerkbare – Wandel? Schließlich sind schon in den sechziger und siebziger Jahren Übersetzungen seiner politischen Bücher erschienen: *Amerika und die neuen Mandarine* 1969, *Im Krieg mit Asien* 1972, *Aus Staatsräson* 1974. Unmittelbarer Anlaß war damals der Vietnamkrieg, zu dessen prominentesten Kritikern Bertrand Russell gehörte, zu jener Zeit ein zorniger alter Mann wie jetzt Chomsky, für den, wie für viele andere, die blutigen Ereignisse im Fernen Osten der Anlaß waren, sich grundsätzlich mit der Außenpolitik der Vereinigten Staaten auseinanderzusetzen. Für Chomsky, dessen Büro im Massachusetts Institute of Technology (dem berühmten MIT) ein Poster mit dem Bild Bertrand Russells ziert, sollte es darüber hinaus ein *point of no return* werden – die unversöhnliche Abkehr von den Prinzipien eines Engagements, das seine globale Ausdehnung mit der Notwendigkeit begründete, die Demokratie überall und jederzeit zu verteidigen.

Seitdem schreibt Chomsky mit unermüdlichem Eifer (und mitunter eifernd) gegen die letzte noch verbliebene Weltmacht an und hat dabei im Lauf der Jahre ein nicht nur dem Umfang nach erstaunliches Oeuvre vorgelegt: insgesamt (wenn ich richtig gezählt habe) 41 Bücher, die Interviewbände und die Koproduktionen mit dem Wirtschaftswissenschaftler Edward Herman nicht gerechnet. Daß darüber die linguistische Forschung keineswegs vernachlässigt wurde, sei nur am Rande erwähnt, gibt aber Anlaß zu der Frage, wie eine derartige Leistung physisch und mental bewerkstelligt werden kann, wenn man noch bedenkt, wie häufig Chomsky lange, strapaziöse Vortragsreisen unternimmt, Interviews gibt und, wenn man ihn per E-Mail erreicht, auf Fragen unverzüglich und ausführlich antwortet. Gewiß, ihn hat auf seinem ureigensten Gebiet immer die Frage interessiert, wie Menschen fähig sind, mit einem begrenzten Set von Regeln nahezu unendlich viele neue, noch nie dagewesene Sätze zu »generieren«, eine Tätigkeit, für die er selbst das beste Beispiel ist, aber muß nicht, mag man sich unwillkürlich fragen, die Qualität unter der Quantität leiden?

Die Exzessivität von Chomskys Produktion politischer Schriften ist monomanisch und moralisch zugleich. Er fühlt sich in der Pflicht, gegen ein Meer von Lügen, Halbwahrheiten und »absichtsvoller Ignoranz« einen, und sei es schwachen, Deich zu errichten, hinter dem die Wahrheit, deren Besitz er, gut lessingsch, nicht für sich reklamiert, zumindest eine Chance hat zu gedeihen. Darum ist sein Kampf gegen die Regierungspolitik aufs engste verbunden mit seiner Kritik an den Medien, denen er, ob TV oder Print, vorhält, mit den Herrschenden, wenn es darauf ankommt, gemeinsame Sache zu machen. Er *hält* es ihnen vor, wie einen Spiegel; er *wirft* es ihnen nicht vor. Die Imperative der Macht sagen, nach außen gewandt, *teile und herrsche*, nach innen gerichtet: *vereine und herrsche*. Insofern gibt es für Chomsky keinen grundlegenden Interessenkonflikt zwischen Politik, Wirtschaft und Medien, nur eine Arbeitsteilung, die dem Zweck dient, die Stellung der *powers that be* zu befestigen, zu stärken und, wenn möglich, zu erweitern. Und natürlich läßt er keinen Zweifel daran, wer dabei die Gewinne realisiert und wer die Kosten trägt; den Brechtschen Song vom Dunkel und vom Licht gibt er auf seine Weise, nicht melodiös, aber mit eisernem Nachdruck.

II

Mit dem Ende des Vietnamkriegs 1975 gönnte sich Chomsky nur eine kurze Pause, bevor er in den achtziger Jahren sein Engagement wieder aufnahm, mit größerer Intensität als je zuvor. Unmittelbarer Anlaß war die Lateinamerika-Politik Ronald Reagans, der 1980 zum Präsidenten gewählt worden war, nachdem sein Vorgänger, Jimmy Carter, bei der Teheraner Geiselaffäre zu wenig diplomatische und militärische Fortüne bewiesen hatte. Überdies lag die Wirtschaft, belastet durch hohe Steuern und Zinsen, darnieder. Reagan versprach tätige Abhilfe und löste sein Versprechen ein. Wie Margaret Thatcher in Großbritannien verhalf er dem Neoliberalismus in den Vereinigten Staaten zum Durchbruch: Senkung der Steuern und Abgaben, drastische Streichung von Sozialprogrammen für die schlechter verdienenden Bevölkerungsschichten, ebenso drastische Erhöhung des Verteidigungsetats. Das Ganze nannte sich »angebotsorientierte Wirtschaftspolitik«, die nach einer kurzen Rezession tatsächlich, vor allem im Zusammenhang mit der Revolution in der Mikroelektronik, zu einem Boom führte, dessen Schattenseiten in der Verdreifachung der Staatsschulden und einer wachsenden Kluft zwischen Reich und Arm bestanden. Dennoch gelang Reagan 1984 die triumphale Wiederwahl, bei der seine außenpolitischen Unternehmungen indes nur eine geringfügige Rolle gespielt haben dürften.

Reagan war militanter Antikommunist, und Noam Chomsky weist immer wieder gern darauf hin, daß George W. Bushs Kampf gegen den »internationalen Terrorismus« und die »Achse des Bösen« nur eine Neuauflage der Reagan-Doktrin ist, die u. a. zur Invasion Grenadas, zur Unterstützung des blutigen Anti-Guerillakriegs in El Salvador und zur Förderung der rechtsgerichteten »Contras« in Nicaragua führte, wo nach dem Sturz der Diktatur Somozas eine marxistisch orientierte Regierung gewählt worden war, die sich aus Mitgliedern der Sandinistischen Befreiungsfront rekrutierte. Reagan empfand dies als Bedrohung für die innere Sicherheit der USA und stellte 1981 zwanzig Millionen Dollar für die Ausbildung und Bewaffnung der antisandinistischen Rebellen – zumeist ehemalige Anhänger Somozas – bereit, die aus dem Hinterhalt gegen »weiche Ziele«, d. h. zivile Einrichtungen wie Agrarkooperativen, Krankenhäuser, Dörfer usw. operierten. Zudem wurde ein Wirtschaftsembargo verhängt und die Weltbank unter Druck gesetzt, den Sandinisten für den Aufbau des Landes notwendige Kredite zu verweigern. Diese Maßnahmen hatten schließlich den gewünschten Erfolg: 1990 gelangte das von den USA gesponserte Nationale Oppositionsbündnis unter Führung Violeta Chamorros an die Macht.

Chomsky reagierte schon früh auf den Reaganismus. Bereits 1982 legte er, unter dem Titel *Towards a New Cold War:*

Essays on the Current Crisis and How We Got There, ein fünfhundertseitiges Werk vor, das der Orientalismus-Kritiker Edward W. Said mit folgenden Worten rühmte:

»Chomsky breitet vor dem Leser ein Panorama sinnloser Gewalt, intellektueller Unredlichkeit und politischer Amoralität aus. Als Chronik einer nun vom Reaganismus beherrschten Welt ist [das Buch] eine schmerzvolle Lektüre. Aber Chomskys Darstellung, die in ihrer geistigen Integrität so nachdrücklich, in ihrer erhellenden Freimütigkeit so moralisch ist, verleiht dem Buch über die detaillierte Untersuchung deprimierender Nachrichten hinaus einen außerordentlich positiven Wert. *Towards a New Cold War* ist ein enzyklopädisches Werk, das menschlicher Besorgnis und Einfallskraft beredten Ausdruck verleiht.«

Für viele andere Werke Chomskys, die folgen sollten, ließen sich, wenn man denn rühmen will, ähnliche, vielleicht gar dieselben Worte finden. Chomsky versteht sich auf die »detaillierte Untersuchung deprimierender Nachrichten«, geistige Integrität bescheinigen ihm selbst Leute, die seine politischen Ansichten nicht teilen, und seine Freimütigkeit ist moralisch, aber nicht moralistisch, unterfüttert. Hier steht jemand auf – gegen den Mainstream der Medien, der machthörigen Intellektuellen, der Konzerne, des politischen Einheitsbreis aus Demokraten und Republikanern. Hier steht jemand auf und sagt die Wahrheit, die ganze Wahrheit und nichts als sie. Und dieser Jemand ist nicht irgend jemand, sondern ein weltweit diskutierter Linguist und Sprachphilosoph, Professor an einer der renommiertesten universitären Institutionen der Vereinigten Staaten.

Das nun klingt sehr amerikanisch, und vielleicht ist es eine amerikanische *success story*: Der politische Außenseiter, der, von den großen Zeitungen nahezu und von den TV-Sendern ganz und gar ignoriert, in kleinen Verlagen und (für US-Verhältnisse) fast linksextremistischen Blättern wie *Z-News* veröffentlicht, gewinnt durch seine unermüdliche, aufrichtige, selbstlose Kritik ein Publikum, ja, eine Verehrerschaft, die mittlerweile in die Hunderttausende gehen dürfte. Chomsky, die Gegen-Macht, die Anti-Macht.

III

Chomskys Thema – schärfer ausgedrückt, seine Obsession – ist die Kritik machtgestützter, und das heißt für ihn: staatlicher, Gewalt. Deren Opfer ist zuallererst die Zivilbevölkerung, die zwischen die Fronten gerät oder von vornherein auf der falschen Seite steht, wenn sie, wie die Nicaraguaner 1979, sich für eine Regierung entscheidet, deren Politik den Interessen der Vereinigten Staaten zuwiderläuft. In keinem anderen Buch hat Chomsky sich so sehr für die Sache der Verlierer eingesetzt wie in *The Fateful Triangle*, das zuerst 1983 erschien. Der Untertitel – *The United States, Israel and the Palestinians* – benennt das dritte geopolitische Konfliktzentrum, mit dem Chomsky sich, neben dem Fernen Osten und Lateinamerika, immer wieder beschäftigt. Die Unterdrückung der Palästinenser durch Israel, von den USA militärisch und diplomatisch gefördert, ist für ihn das Paradigma eines Terrorismus, der legitime Politik zu sein beansprucht.

In seinem Kern ist *Fateful Triangle* ein Buch über den Libanonkrieg von 1982, aber auch eine Studie zur Vorgeschichte des Palästinakonflikts und eine Analyse des Wandels der Beziehungen zwischen den Vereinigten Staaten und Israel. Das »verhängnisvolle Dreieck« beschreibt eine Situation, in der die Palästinenser, allen (von Chomsky höchst skeptisch beurteilten) Friedensbemühungen zum Trotz, nur verlieren können, weil die USA, nach wie vor die einzige Macht, die im Nahen Osten für eine dauerhafte Entspannung sorgen könnte, gemeinsam mit Israel die Errichtung eines unabhängigen Staats für die palästinensische Bevölkerung verhindert und den Ausbau der Siedlungen in den besetzten Gebieten, vor allem im Westjordanland, wo nicht aktiv unterstützt, so doch geduldet hat.

Chomsky geht mit Israel hart ins Gericht – der von ihm als liberal geschätzte und dennoch (oder gerade darum) immer wieder kritisierte *Boston Globe* sprach von einer »Jeremiade in der Tradition der alttestamentarischen Propheten« –, vielleicht auch deshalb, weil er in seiner Jugend Hoffnung auf ein sozialistisches Israel gesetzt und 1953 einige Zeit lang in einem Kibbuz gelebt hatte. Spätestens 1967 mußten sich diese Hoffnungen endgültig zerschlagen; der Sieg im Sechstagekrieg und die damit verbundene Änderung der amerikanischen Politik, deren Repräsentanten sich nun endgültig auf die Seite Israels schlugen, waren für Chomsky der Beginn einer verhängnisvollen Entwicklung, die mit dem Libanonkrieg und dem von christlichen Falangisten in den Beiruter Flüchtlingslagern Sabra und Schatila angerichteten Massaker ihren vorläufigen Höhepunkt fand. Israel sollte und wollte, so Chomsky, im Nahen Osten die Rolle spielen, die die USA weltweit für sich beanspruchten: eine hochgerüstete, mit modernsten Waffen versehene Vormacht, die die Region zu kontrollieren imstande sein würde.

Auf der Strecke blieben dabei die Palästinenser. Zwar

schlugen Israels Pläne, die PLO als möglichen Verhandlungspartner gewaltsam auszuschalten, fehl, aber im Westjordanland wurden immer weitere Siedlungen errichtet, während die Bevölkerung dort wie im Gazastreifen unter einer brutalen Besatzungspolitik zu leiden hatte: Ausgangssperren, Razzien, Verhaftungen und Verschleppungen, Zerstören von Häusern, sogar Folterungen waren an der Tagesordnung – Chomskys Liste der Verbrechen, die er Israel vorwirft, ist lang und betrifft Arbeiterpartei und Likud gleichermaßen. Dafür ist der Schluß, den er aus der nun fast vierzig Jahre währenden Unterdrückung der Palästinenser zieht, kurz: Ihnen wird bis heute ein eigenständiger Staat verweigert, ohne diesen aber kann es in Nahost keinen dauerhaften Frieden geben.

Chomskys *opus magnum* über den Palästinakonflikt – die 1999 in erweiterter Form erschienene zweite Ausgabe umfaßt 560 engbedruckte Seiten mit mehr als 1000 Fußnoten – ist ein politisches und historisches Dokument von quälender Intensität und nüchterner Einseitigkeit, die von ideologisch motivierter Parteinahme indes so weit entfernt ist wie Lexington von Ramallah. Chomsky ist durchaus kein Anhänger Arafats oder der PLO, sondern pflegt, wie wir noch sehen werden, einen höchst altmodischen Begriff von Gerechtigkeit, der dem Satz *The winner takes it all* nichts abzugewinnen vermag.

IV

Dieser Sinn für eine Art von elementarer Gerechtigkeit, deren Kehrseite das alttestamentarische *ius talionis* ist, umgrenzt auch das vierte Feld politischer Kritik, auf dem

Chomsky gegen Ende der achtziger Jahre tätig wurde. Zuvor jedoch waren vier Bücher erschienen, in denen er die bislang schon angeschlagenen Themen – Lateinamerika, Naher und Ferner Osten, internationaler Terrorismus (d. h. US-amerikanische Interventionspolitik) – anhand neuer Materialien und Dokumente zu einem *parlando furioso* über die Taten und Untaten des Westens verdichtete. Mit *Turning the Tide: U. S. Intervention in Central America and the Struggle for Peace*, das 1985 erschien, sollte nun kaum ein Jahr mehr vergehen, in dem Chomsky nicht zumindest ein politisches Buch veröffentlichte, es konnten aber, wie 1993, auch schon einmal vier Publikationen sein.

Nach *Pirates and Emperors: International Terrorism in the Real World* (1986), *On Power and Ideology: The Managua Lectures* (1987) und *The Culture of Terrorism* (1988) erschien (ebenfalls 1988) *Manufacturing Consent: The Political Economy of the Mass Media*, das dritte Werk, das in Zusammenarbeit mit dem Wirtschaftswissenschaftler Edward S. Herman entstanden war und dessen Thesen ein Jahr später in *Necessary Illusions: Thought Control in Democratic Societies* (dt.: *Media Control*) bekräftigt wurden.

Die in diesen Büchern entwickelte »Medientheorie« (ein Begriff, den Chomsky, der von Theorien in den Sozialwissenschaften nicht viel hält, wohl kaum verwenden würde) verdient nähere Beachtung, weil Chomskys Konzeption von Politik hier besonders prägnant zu Tage tritt. Im Zentrum steht das »Propagandamodell der Medien«; natürlich ist schon der Begriff ein Affront, weil Propaganda gemeinhin als Mittel totalitärer Gesellschaften gilt, die Untertanen bei der Stange zu halten, an deren Ende die Fahne des stets siegreichen Was-auch-immer-ismus flattert. Doch haben für Chomsky und Herman die Medien auch in demokratischen Gesellschaften (gemeint ist allerdings immer die US-amerikanische) die Funktion, gut Wetter für die Herrschenden zu schaffen, wozu sie, im Gegensatz zu Diktaturen, jedoch nicht eigens verdonnert werden müssen. In der kapitalistischen Demokratie stehen die Medien, zumindest die des Mainstream und damit die überwiegende Mehrheit, ganz freiwillig auf Seiten der Mächtigen, weil sie selbst zum *inner circle* gehören. Das schließt gelegentliche (und bisweilen sehr harsche) Kritik am Mißbrauch von Macht nicht aus, ändert aber nichts an der prinzipiellen Parteinahme für ein System, dessen integraler Bestandteil die Medien in wirtschaftlicher wie politischer Hinsicht sind.

Das »Propaganda-Modell« ist relativ einfach. Um zur Nachricht zu werden, muß das Rohmaterial der Informationsdaten zunächst fünf »Filter« durchlaufen, in denen seine Verwertbarkeit geprüft wird. Ausschlaggebend sind dabei a) Größe und Konzentrationsgrad der Medien, b) Werbung als Einnahmequelle, c) Rückgriff bei der Nachrichtenbeschaffung auf »offizielle« Quellen, d) Sanktionsmöglichkeiten zur Unterdrückung unliebsamer Nachrichten (»Flakfeuer«), e) Antikommunismus (heute wohl eher: »Anti-Terrorismus«) als Ausgrenzungskriterium. Gestützt auf eine umfangreiche Analyse der Berichterstattung über politische Ereignisse in Presse, Rundfunk und Fernsehen, gelangt das Modell zu folgenden Aussagen, die zugleich als Vorhersagen über zukünftiges Medienverhalten fungieren:

1. Ihrem Umfang oder ihrer Art nach vergleichbare Ereignisse werden in der Berichterstattung der Freund/Feind-Logik unterworfen; d. h., Verbrechen von Staaten, die als offizielle Feinde gelten, erhalten größere Aufmerksamkeit als Verbrechen der eigenen Regierung oder derer von Staaten, die als offizielle Freunde gelten. Umgekehrt werden »gute Taten« wie

etwa freie Wahlen oder Bemühungen um die Menschenrechte stärker hervorgehoben, wenn sie in befreundeten Staaten stattfinden.

2. Die Kritik an den Medien, auch die selbstkritische Analyse, findet im Rahmen eines engen, liberal-konservativen Spektrums statt, in dem Positionen von »Außenseitern« keinen Platz haben.

3. Das »Propaganda-Modell« und andere »radikale« Ansätze fallen aus diesem Rahmen heraus und werden infolgedessen von der Medienkritik nicht als diskussionswürdiger Beitrag wahrgenommen.

Die Medien dienen, so Chomsky und Herman, dem *manufacturing of consent*, d. h. der »Herstellung von Konsens«, wie schon der berühmte Journalist Walter Lippmann in den zwanziger Jahren ihre Funktion bestimmt hatte. Und bei dieser Herstellung (*manufacturing* verweist natürlich auf industrielle Produktion) erzeugen sie jene »notwendigen Illusionen« – der eigene Staat begeht keine Verbrechen, sondern irrt sich höchstens einmal in wohlmeinendster Absicht, die Medien sind frei und unabhängig und nur dem journalistischen Wahrheitsethos verpflichtet, wobei sie manchmal, wie etwa im Fall Vietnam, allzusehr über die Stränge schlagen –, ohne welche die Bevölkerung nicht in dem Glauben verharren würde, es sei in dieser besten aller Welten alles zum Besten bestellt, sofern »wir« nur dem »Feind«, dem »Bösen«, dem »Terrorismus« tüchtig auf die Finger klopfen. Dabei ist das Wort *consent* doppeldeutig, kann »Einmütigkeit« ebenso bezeichnen wie »Zustimmung« oder »Einwilligung«; und natürlich muß die Nation sich einig sein, damit sie der Regierungspolitik ihre Zustimmung erteilen kann. Dafür zu sorgen ist die Hauptaufgabe der Medien, und Chomsky zeigt, daß viele Konservative genau diesen Standpunkt vertreten, wenn sie den Medien vorwerfen, durch ihre kritische Berichterstattung über den Vietnam-Krieg zur Niederlage der USA entscheidend beigetragen zu haben – was im übrigen nichts weiter ist als eine neuere Variante der Dolchstoßlegende. Pikant wird die Sache aber dadurch, daß Chomsky zugleich die Unhaltbarkeit dieser konservativen Position nachweist: Nicht die Kommentare und Reportagen der Medien beendeten den Krieg, sondern die Friedensbewegungen und, last not least, die Wirtschaft, der er einfach zu teuer geworden war.

Sicher gibt es Anlässe, das Propaganda-Modell zu kritisieren: Man kann seine empirische Fundiertheit bezweifeln (ein Versuch, den, soweit ich weiß, noch niemand unternommen hat) oder seine Übertragbarkeit auf andere kapitalistisch-demokratische Länder in Frage stellen (es reflektiert durchaus den für weite Bereiche der amerikanischen Gesellschaft typischen Konformismus). Aber es taugt in jedem Fall dazu, die immer wieder verbreitete Legende vom »Verschwörungstheoretiker« Chomsky zu widerlegen (sofern Legenden sich überhaupt widerlegen lassen). »Verschwörung« hieße ja, daß Großkonzerne, Regierung und Medien regelmäßig geheime Absprachen zur Indoktrination der Bevölkerung treffen und einen diesbezüglichen Masterplan in die Tat umsetzen würden. Chomsky derlei zu unterstellen hieße, seine Intelligenz denn doch erheblich zu unterschätzen. Die US-Medien sind frei, weil sie, anders als in totalitären Staaten, von der Regierung keine Direktiven empfangen und sich gegen solche Versuche auch entschieden verwahren würden. Und die Konzerne sehen es höchst ungern, wenn außenpolitische Abenteuer Gewinneinbußen zur Folge haben. Nicht umsonst haben sich hochrangige Finanzexperten vor dem Irak-Krieg den Kopf darüber zerbrochen, wieviel er kosten kann und darf. Die Regierung wiederum möchte ihre Ziele in einem Klima weitgehender Zustimmung durchsetzen und ist deshalb bemüht, die Medien möglichst frühzeitig »einzubinden« – was ihr mit der Maßnahme, im Irak-Krieg Reporter und Fotografen militärischen Einheiten zuzuordnen, auch glänzend gelungen ist.

Das von Chomsky beschriebene Beziehungsgefüge von Wirtschaft, Medien und Regierung ist kein monolithischer Block, sondern selbst eines, in dem von Fall zu Fall »Konsens heregestellt« werden muß, um potentiell unterschiedliche Interessen integrieren zu können. Der Patriotismus ist nur dann ein Bindemittel, wenn gewisse Privilegien unangetastet bleiben: das Recht auf Meinungs- und Informationsfreiheit, das Gewinnstreben, die Möglichkeit, außenpolitisch von innerer Opposition möglichst ungehindert handeln zu können – all dies innerhalb mehr oder weniger fest umrissener Grenzen: Eskapaden werden, vor allem wenn sie schiefgehen, früher oder später bestraft.

V

Für Chomsky ist »Macht« – ein Begriff, der in den Titeln seiner Bücher fast ebenso regelmäßig auftaucht wie »Terror« – der Faktor, der diese unterschiedlichen Interessen bündeln kann. Das reflektiert natürlich eine Situation, in der die Vereinigten Staaten konkurrenzlos dastehen und keinerlei Rücksicht mehr nehmen müssen, wie ihr diplomatisches Verhalten vor dem Irak-Krieg deutlich gezeigt hat. Eine Weltmacht kann sich, und das ist historisch ja nichts Neues, mehr erlauben als z. B. das abgewirtschaftete Europa, wo sogar Tony Blair in Bedrängnis kommt, obwohl seine Begründungen für den Krieg gegen Saddam Hussein nicht besser oder schlechter waren als die von George W. Bush, der nach wie vor ein hohes Maß an Zustimmung genießt. Aber Großbritannien ist eben schon lange keine Weltmacht mehr.

Macht ist für Chomsky die Fähigkeit zu bestimmen – also zu definieren und durchzusetzen – was als gerecht gelten soll. In ökonomischer Hinsicht geht es dabei um die Frage, wer von den Vorzügen eines freien Markts profitieren kann, in politischer Hinsicht um das Problem der Rechtfertigung von Gewaltanwendung. Daß die US-Regierung nicht zögert, einheimische Produkte durch Subventionen zu fördern und durch Einfuhrzölle zu schützen, ist bekannt und hat immer wieder für Mißstimmung zwischen den USA und der Europäischen Union gesorgt, eben weil es eine flagrante Verletzung der Prinzipien des Freihandelsgedankens darstellt. Gleichermaßen bekannt ist, daß die USA bereit sind, unilateral zu handeln, wenn sie es für angemessen halten, d. h. ihre »innere Sicherheit« bedroht sehen, wie etwa im Falle Nicaraguas 1980 oder des Irak in jüngster Zeit. Ob diese Bedrohung wirklich existiert, nur eingebildet oder gar nur vorgeschoben ist, spielt dabei keine Rolle. Es geht darum, den ersten Zug tun zu können, der das weitere Spiel bestimmt.

Hier nun tut sich ein interessanter Widerspruch auf, von dem noch nicht abzusehen ist, wohin er sich entwickeln wird. Seit langem schon nämlich arbeiten die USA an der Unterminierung des Prinzips staatlicher Souveränität: »Schurkenstaaten« verfügen nur begrenzt darüber, nicht weil es Staaten wären, die von »Schurken« regiert werden – Pinochet und zahlreiche andere Mordbrenner wurden von den USA geduldet oder gefördert –, sondern weil sie, aus welchem Grund auch immer, den geopolitischen Interessen

Washingtons im Weg sind. Zur Beseitigung solcher Hindernisse hat man, wie von Chomsky oft beschrieben, ein fein abgestuftes System unterschiedlicher Methoden entwickelt, um unliebsame Regierungen – Mossadegh in Iran, Sukarno in Indonesien, Allende in Chile, um nur drei Beispiele zu nennen – beseitigen zu können. Zunächst stärkt man die Opposition durch materielle und diplomatische Zuwendungen, um ihr, falls die staatliche Verfassung dergleichen zuläßt, den Gewinn der nächsten Wahlen möglich zu machen. Erweist sich das als aussichtslos, werden Wirtschaftssanktionen verhängt, um das ökonomische Gefüge des Landes ins Wanken zu bringen. Sodann wird das Militär unterstützt und gegebenenfalls auf einen Putsch vorbereitet, und wenn auch das nicht hilft, erfolgt der direkte Eingriff durch Krieg oder Invasion. Sollte das zu heikel sein, werden Vasallentruppen organisiert, die als Stellvertreter fungieren können.

Dem Prinzip begrenzter Souveränität für »Feindstaaten« entspricht nämlich – und hierin liegt für Chomsky der eklatante Widerspruch – das Prinzip absoluter Souveränität für die USA selbst. Undenkbar, sich einer Resolution der UNO oder gar einem Auslieferungsersuchen des Internationalen Gerichtshofs zu beugen. Souverän ist, ließe sich in Abwandlung des bekannten Diktums von Carl Schmitt sagen, wer über die Souveränität anderer Staaten entscheiden kann, ohne die eigene in Frage stellen lassen zu müssen. Die abgelebte Sowjetunion hat das in ihren Hinterhöfen nicht anders gehandhabt. Für Theoretiker der Macht, wie etwa Henry Kissinger (einer von Chomskys Lieblingsfeinden), stellt sich da kein Problem, während der Kritiker der Macht, der Gerechtigkeit mit Gleichberechtigung identifiziert und demzufolge schließt, daß der Irak angesichts der Kriegsdrohung durchaus das Recht zu einem Präventivschlag gegen die USA und Großbritannien gehabt hätte, nur mit Bitterkeit reagieren kann, auch wenn er weiß, daß Saddam Hussein alles andere war als eine Lichtgestalt der Freiheit.

VI

So wäre denn, um auf die Anekdote von Augustinus zurückzukommen, Hussein (oder Ghaddafi oder Noriega oder ...) der Pirat und George W. Bush der große Alexander? Ganz genau, sagt Chomsky und erweist sich damit (ohne es jemals ausdrücklich zu behaupten) moralpolitisch als Universalist: Wenn es richtig ist, das Prinzip staatlicher Souveränität entweder aufrechtzuerhalten oder zugunsten der Verfolgung politischer Verbrecher hintanzustellen, dann muß dies für alle Staaten ungeachtet ihrer Verfassung, demokratisch oder wie auch immer, gelten. Das aber kollidiert mit der historischen Erfahrung, daß souveräne Staaten, ihrem eigenen Verständnis nach, nun einmal keine Verbrechen begehen; das tun immer nur »die anderen«. Doch warum wollen Staaten mit aller Gewalt (und bei aller Gewalt) eine weiße Weste behalten? Warum hängen sie ihren Verbrechen den Mantel des »zivilisatorischen Auftrags« und der »Verbreitung von Demokratie« um? Chomsky gibt darauf keine explizite Antwort, sondern stellt nur fest, daß es in der Geschichte eben immer so gewesen sei. Das mag mit seinem Mißtrauen psychologischer Motivationsforschung gegenüber zu tun haben; Subjektivität als handlungsleitende Größe ist für ihn so gut wie nicht existent. Darum fragt er auch nie, warum die Menschen nach jener altmodischen Gerechtigkeit – was für x gilt, muß auch für y und z gelten – streben sollten, die in der anarchistischen Idee des »Keine Macht für niemand« ebenso ihre Wurzeln hat wie in einem wohlverstandenen, d. h. multilateralen Liberalismus; es genügt ihm, daß es in der Geschichte immer wieder Bewegungen gegeben hat, die auf die Beseitigung ungerechtfertigter Ungleichheit zielten. Hier liegt der utopische Kern seines Denkens: Weil Macht historisch gesehen zu Asymmetrie und damit zum Mißbrauch qua Gewaltanwendung führt – und insofern »böse« ist –, müßte eine »gute« Gesellschaft, eine Demokratie im Sinne des Wortes, Macht so verteilen, daß sie, wie auch der Reichtum, nicht angehäuft werden kann. Erst dann könnte der Terror, der dem Ungleichgewicht von Macht entspringt, ein Ende finden. Solange dieses Ungleichgewicht existiert, werden die einen Gewalt anwenden, um ihre Macht aufrechtzuerhalten oder zu vermehren, die anderen, um der Ohnmacht zu entrinnen. Der Nahe Osten ist ein sehr prägnantes Beispiel für den Teufelskreis, in den Machtverhältnisse führen, die disproportional verteilt sind: Die Hamas schickt Selbstmordattentäter los, die sich, u. a. aufgrund der Verhältnisse in den besetzten Gebieten, unschwer rekrutieren lassen, woraufhin die Israelis Truppen und Panzer losschicken, woraufhin … usw. Das eindeutigste Ergebnis dieser Aktionen sind immer die Opfer, die beide Seiten zu beklagen haben.

Deshalb soll, fordert Chomsky, nicht nur die Macht dem Prinzip der verteilenden Gerechtigkeit unterworfen werden, sondern auch ihr Preis: die Toten, Verwundeten, Vertriebenen. Der Anschlag vom 11. September 2001 war, wie er betont, ein abscheuliches Verbrechen, jedoch nicht abscheulicher als das, was z. B. die Vereinigten Staaten oder Israel in den von ihnen kontrollierten Regionen häufig genug angerichtet haben, ohne daß es in den US-amerikanischen Medien großes Aufsehen erregt hätte. So wenig, wie es einerseits »gute« Gewalt gibt (die von »uns« ausgeübt wird) und andererseits »schlechte« Gewalt (der »Terrorismus« der anderen), so wenig gibt es »würdige« und »unwürdige« Opfer von Gewalt, denn betroffen ist davon in erster Linie die Zivilbevölkerung.

Daß die Mainstream-Medien, und sei es implizit, solche Unterscheidungen treffen, wirft Chomsky ihnen vor: Mit herber Ironie sprechen er und Herman von »konstruktiven«, »wohlmeinenden« und »schändlichen« Blutbädern. In *Necessary Illusions* führt Chomsky aus:

> »›Konstruktive Blutbäder‹ dienen den Interessen der US-amerikanischen Macht; ›wohlmeinende Blutbäder‹ sind für diese Macht ohne Belang; ›schändliche Blutbäder‹ werden von offiziellen Feinden angerichtet und dienen zur Mobilisierung der Öffentlichkeit.«

Ein Beispiel für die erste Kategorie wären die 500 000 Indonesier, die nach der Machtergreifung Suhartos 1965 der Kommunistenjagd zum Opfer fielen; als »wohlmeinend« könnte man das Vorgehen der indonesischen Armee in Ost-Timor (an die 200 000 Tote) bezeichnen, die dort jahrelang Massaker verübte, ohne daß der Westen eingeschritten wäre; »schändlich« dagegen waren Pol Pots Verbrechen gegen die eigene Bevölkerung in Kambodscha (ca. 1 Million Tote), die lautstark verurteilt wurden.

Das riecht nach Zynismus, den man, je nach Gusto, Chomsky oder den Medien unterstellen könnte. Aber beides ist falsch. Chomsky hält, erwartbarerweise, Blutbäder jeglicher Art für schändlich, während die Medien, die ja niemals von »konstruktiven« Massakern reden würden, lediglich ihre Pflicht tun und die Wahrheit gemäß den Erfor-

dernissen der politischen Großwetterlage unters Volk bringen, also selektiv. Fragwürdig ist dabei natürlich nicht, *daß*
ausgewählt wird – die Masse an Informationen macht das
schlechterdings erforderlich –, sondern *wie*. Auch hier sollte das Prinzip der ausgleichenden Gerechtigkeit Anwen-
dung finden: Chomsky sieht nicht ein, warum die Verbrechen der Roten Khmer in Kambodscha starken Widerhall
in den Medien fanden, während der gleichzeitige Krieg der
indonesischen Armee gegen die Bevölkerung Ost-
Timors unter Ausschluß der Öffentlichkeit geführt werden konnte.

Die ungleiche Verteilung von Macht führt also nicht nur
zur Ausübung von Gewalt, sondern, in den Medien, auch zu
asymmetrischen Formen ihrer Darstellung und Begrün-
dung. Das ist nicht dem bösen Willen der Journalisten ge-
schuldet, deren Professionalität Chomsky ausdrücklich an-
erkennt, sondern dem institutionalisierten Konformismus
einer Gesellschaft, in der die wirtschaftliche, politische und
intellektuelle Elite entscheidet, was gerecht, berichtenswert
und schließlich »wahr« ist. Häufig bezieht sich Chomsky
auf George Orwells Roman *1984* (den er ansonsten nicht
besonders schätzt): Die dort unter dem Begriff »New-
speak« beschriebenen Sprachregelungen – »Frieden ist
Krieg« lautet eine von ihnen – sieht er auch in der US-amerikanischen Presse walten, wenn sie Verbrechen der eigenen Regierung oder befreundeter Staaten zu Heldentaten
für die Freiheit umdeutet oder sie, falls diese positive Wendung nicht gelingen sollte, ins *memory hole* der Geschichte
wandern läßt, so wie es die ideologischen Zensoren bei
Orwell mit der »Wahrheit« von gestern tun, die die Lüge
von heute ist. Chomskys Kritik an der Politik Washingtons
ist immer zugleich auch Medienkritik und umgekehrt; es
sind zwei Seiten einer Medaille: Macht ist auch die Fä-

higkeit, das zu definieren, was offiziell als Wahrheit gelten soll.

VII

In einem jüngst erschienenen Essay über Orwells Roman schreibt Thomas Pynchon:

>»Von unseren nominell freien Nachrichtenmedien verlangt man eine ›ausgewogene‹ Berichterstattung, bei der jede ›Wahrheit‹ sogleich durch eine gleichwertige und entgegengesetzte ›Wahrheit‹ neutralisiert wird. Jeden Tag wird die öffentliche Meinung zum Ziel von Geschichtsfälschung, offiziellem Gedächtnisverlust und offener Lüge, und das Ganze nennt man wohlwollend ›Interpretation‹, als handele es sich um etwas vollkommen Harmloses.«

Diesem Befund würde Chomsky nicht widersprechen, sondern bestenfalls darauf hinweisen, daß man diese »ausgewogene« Berichterstattung gar nicht erst verlangen muß, weil die Medien sie freiwillig liefern, während es zugleich »Wahrheiten« gibt, die keineswegs neutralisiert werden, weil sie für Funktion und Fortbestand des ideologischen Systems unerläßlich sind. Einige dieser Doktrinen, die im Gewand der Wahrheit daherkommen, hat er in *Necessary Illusions* aufgeführt. So zitiert er Neil Lewis, einen Auslandskorrespondenten der *New York Times*, mit den folgenden Worten: »Das Verlangen, eine Demokratie amerikanischen Stils in der ganzen Welt verbreitet zu sehen, ist schon immer das Leitmotiv der US-Außenpolitik gewesen.« Das war, wie Chomsky trocken hinzufügt, »nachdem die von den USA gestützte Militärregierung auf Haiti die Wahlen mit Gewalt verhindert hatte«. Die Bemerkungen beziehen sich auf das Jahr 1987, und Neil Lewis ist alles andere als ironisch. »Diese Doktrinen«, fährt Chomsky fort, »benötigen keine Argumente und widerstehen auch ganzen Bergen von Gegenbeweisen.« Wohl deshalb konnten sie während des Irak-Kriegs so frisch aus der ideologischen Tiefkühltruhe geholt werden; sie besitzen kein historisches Verfallsdatum. Und gegen Widerlegungen sind sie immun, weil sie, die geostrategischen Interessen der USA (für deren Existenz Chomsky immer wieder gern Dokumente des Nationalen Sicherheitsrats zitiert) großzügig ignorierend, die Tatsachen der wirklichen Welt nicht zur Kenntnis nehmen müssen.

Daß es eine »wirkliche Welt« und in ihr »Tatsachen« geben soll, kann möglicherweise nur diejenigen erstaunen, die sich an postmodernen Theorien verschluckt haben und nun ihr Husten für den Atem des Weltgeistes halten. Auch mit dem Wahrheitsproblem geht Chomsky nämlich ganz altmodisch um, indem er auf die ehrwürdige, durch Aristoteles nobilitierte Korrespondenztheorie setzt, derzufolge Aussagen wahr sind, wenn sie tatsächlichen Begebenheiten entsprechen. Nur Tatsachen können adäquat wiedergegeben, verschwiegen, verfälscht, verdreht oder in ihr Gegenteil verkehrt werden; wenn wir diese Beziehungen von Aussagen auf Ereignisse für nichtig erachten, landen wir bei dem, was Thomas Pynchon »Interpretation« nennt: Was immer geschehen sein mag, kann beliebig interpretiert werden, folglich gibt es keine Wahrheit, ja, genaugenommen nicht einmal »Wahrheiten«. Diese Position ist nicht neu; ihr Urahn dürfte der antike Skeptiker Pyrrhon sein – aber Massaker und Massengräber lassen sich nicht so einfach aus der Welt disputieren, weil die Frage nach dem Verursacher

– man denke an das Beispiel Katyn – auf merkwürdig be-
harrliche Weise eine Antwort verlangt. Chomsky besteht
darauf, die Verursacher von Verbrechen zumindest er-
kenntnismäßig dingfest zu machen, auch wenn sie in praxi
oft genug unbehelligt bleiben.

Lassen wir also die Postmoderne, von der Chomsky be-
reitwillig-ironisch einräumt, daß ihm »offensichtlich die
notwendigen Gene« fehlen würden, um sie zu verstehen.
Schließlich gehen auch die Medien davon aus, daß sie über
Tatsachen berichten, und was Chomsky kritisiert, ist die Art
und Weise ihrer Berichterstattung, wobei er vor allem auf
zwei Mechanismen eingeht: das Verschweigen oder Mar-
ginalisieren unliebsamer Ereignisse (wie z. B. von Bünd-
nispartnern oder Vasallenstaaten begangene Verbrechen
oder politische und wirtschaftliche Erfolge linksgerichteter
Regierungen) sowie die Umcodierung von Sachverhalten –
aus Angriffskriegen werden Verteidigungsmaßnahmen, aus
(US-hörigen) Diktatoren Demokraten, aus Befreiungsbe-
wegungen Terroristen (und umgekehrt). Damit tun die
Medien nichts weiter, als die offizielle Regierungspolitik zu
unterstützen; kritisch, wenn es sein muß, doch insgesamt
ohne tiefergreifenden Dissens. Daß dieses Bild den Medien
(sofern sie nicht, wie der Nachrichtenkanal *Fox*, nationali-
stisch eingestellt sind) ebensowenig gefallen dürfte wie ihren konservativen Kritikern, liegt auf der Hand.

VIII

Mit *Manufacturing Consent* und *Necessary Illusions* hatte
Chomsky Ende der achtziger Jahre seine Kritik an der
US-amerikanischen Politik und ihrer medialen Darstellung

komplettiert. Diese Kritik beruht auf einem ethischen und erkenntnistheoretischen Minimalprogramm, das sich in wenigen Sätzen zusammenfassen läßt:

1. Handlungen, die gegen völker- und menschenrechtliche Kriterien verstoßen, sind auch dann Verbrechen, wenn sie im Namen von Demokratie und Freiheit begangen werden, und insofern nicht anders zu bewerten als vergleichbare Handlungen nicht-demokratischer Staaten.
2. Grundsätzlich läßt sich erkennen, ob und wann es sich um solche Verbrechen handelt und von wem sie begangen oder verursacht wurden.
3. Die Darstellung solcher Verbrechen in den US-amerikanischen Medien ist den Grundsätzen politischer Machterhaltung und -entfaltung der Vereinigten Staaten verpflichtet.
4. »Macht« ist der beherrschende Faktor, der Gerechtigkeit und Wahrheit als zweckgebundene Größen definiert.

Die Realpolitik folgt, was schwerlich zu bestreiten sein dürfte, anderen Imperativen als denen, die eine universale Gerechtigkeit diktieren würde:

»Mobutu hatte sich [im Kongo] 1965 mit amerikanischer Hilfe an die Macht geputscht und wurde 1997 mit amerikanischer Hilfe gestürzt. Während des Kalten Krieges hatte er das Land im Herzen Afrikas auf der Seite des Westens gehalten. Der belohnte ihn, indem Vereinigte Staaten, Weltbank, Weltwährungsfonds und Westeuropa über seine Grausamkeit, die Korruption und den von ihm verschuldeten Nieder-

gang des potentiell reichsten Landes Afrikas hinweg-
sahen. Mit dem Zusammenbruch der Sowjetunion
wurde Mobutu für den Westen überflüssig; doch man
ließ ihn beseitigen, ohne daß eine Regierung bereit-
stand oder bis heute auch nur in Sichtweite ist, die
Ordnung in das Chaos bringen und den Weg zum
Wiederaufbau bereiten könnte.«

Soweit nicht Chomsky, sondern Günter Krabbe in einem
Bericht über seine Erfahrungen im Kongo. Mobutus Karriere ist keineswegs untypisch: die Duvaliers (Haiti), General Ky (Südvietnam), Pinochet (Chile), Noriega (Panama),
Resa Pahlevi (Iran), Suharto (Indonesien), Marcos (Philippinen), die Taliban (Afghanistan), Saddam Hussein (Irak),
Somoza (Nicaragua) sind einige der bekannteren Beispiele
für Diktatoren, die eine Zeitlang (bisweilen einige Jahr-
zehnte) die Unterstützung der Vereinigten Staaten genos-
sen, bis sie durch diese selbst oder durch einheimische op-
positionelle Kräfte gestürzt wurden, wobei erstere Variante
aus der Sicht Washingtons natürlich vorzuziehen ist, weil
man sich dann nicht darüber Sorgen machen muß, wie mit
dem – möglicherweise sinistren – Nachfolger umzugehen
sei. Das gelang im Falle der Sandinisten in Nicaragua ganz
gut, während Iran in die Hände erzböser Islamisten fiel. Be-
dauerlicherweise konnte daran auch Saddam Hussein in
seinem achtjährigen Krieg gegen Iran nichts ändern; wäre
er dort einmarschiert, hätte er weniger Schwierigkeiten bekommen als nach seiner Invasion Kuwaits. (En passant bemerkt knöpften die USA nach der Befreiung des Ölstaats
der Herrscherfamilie das Versprechen ab, für mehr Demokratie in Kuwait zu sorgen: Was ist eigentlich daraus geworden? Und wenn nichts, was sagt uns das?)
Man muß natürlich, was Chomsky nicht tut, in Rech-

nung stellen, daß die Medien ein recht kurzlebiges Geschäft betreiben: *Nothing's more stale than yesterday's news.* Wer kann da schon im Gedächtnis behalten, daß die Taliban und die Stammesfürsten in Afghanistan zunächst als Kämpfer gegen die sowjetische Besatzung hochgerüstet (und hoch gelobt) wurden? Was nach dem Rückzug der sowjetischen Armee dann dort passierte, galt als weniger interessant, weil das strategische Ziel erreicht war. Erst als die Taliban, die zwar den Drogenanbau und -handel unterbunden, ansonsten das Land aber recht munter noch weiter heruntergewirtschaftet hatten, in den Verdacht gerieten, Usama bin Ladin und seiner Al-Qaida Rückendeckung zu gewähren, mußten sie, nunmehr keine Freiheitskämpfer mehr, sondern fanatische Islamisten, natürlich gestürzt werden. Was jetzt in Afghanistan geschieht (inklusive Drogenanbau), stößt in den USA – bei Regierung und Medien – erneut auf höchst geringes Interesse. Im übrigen schließt Günter Krabbe seine Ausführungen zu Mobutu mit den Worten: »Die Parallele zu Irak 2003 ist unverkennbar.« Wie kann man nur, bei derart guten Absichten der Regierung Bush jr., so bösartig sein, wo sie doch die Losung *In tyrannos!* – Massenvernichtungswaffen hin oder her – als Zeichen, in dem sie siegen will, vor sich herträgt?

IX

Zweifellos spaltet die Frage, ob die amerikanische Regierung, sei ihr Präsident demokratischer oder republikanischer Provenienz, trotz aller nachweisbaren Irrtümer und Fehleinschätzungen letztlich die ernste Absicht hege, Freiheit und Demokratie in die Welt zu tragen, die Parteigänger in zwei Lager: Die Befürworter nicken enthusiastisch, während die Skeptiker in mehr oder weniger schrilles Hohngelächter ausbrechen. Die Befürworter verweisen mit schöner Regelmäßigkeit auf Japan und Deutschland nach 1945, die Skeptiker auf die weiter oben erwähnten Fälle. Allerdings lassen beide Positionen unberücksichtigt, daß die geostrategischen Imperative einer sich selbst als demokratisch legitimiert verstehenden Weltmacht es nicht nur gestatten, sondern erforderlich machen, den Begriff »Freiheit« weiter oder enger zu definieren, je nachdem, was dem Erhalt oder der Erweiterung des Machtspielraums am dienlichsten ist. Die Unterstützung rechtsgerichteter Diktaturen ist dann eine Art Kollateralschaden, der in Kauf genommen werden muß, weil ein Segment der Freiheit, nämlich die des – natürlich US-dominierten – Marktes dabei erhalten bleibt, was im Fall einer wie immer gearteten kommunistischen Machtübernahme nicht gewährleistet wäre. Genau davon ging die in den sechziger Jahren entwickelte »Dominotheorie« aus: Wird ein Land in Fernasien erst von der Linken beherrscht, folgen die anderen bald hinterher. Diese Überzeugung führte zu der fatalen Eskalation des Indochinakonflikts, aus dem schon die Franzosen als Verlierer hervorgegangen waren. Aber der Imperativ lautete nun einmal: Lieber ein faschistisches Südvietnam *mit* als ein vom Vietcong beherrschtes *ohne* US-Einfluß. Die Möglichkeit der Einflußnahme ist eine notwendige Option von Macht, trivialerweise. Daß die von Washington inthronisierten totalitären Regimes in Südvietnam den Medien lange Zeit als »demokratisch« galten, sei hier nur am Rande vermerkt; im Kalten Krieg galt alles als demokratisch, was nicht kommunistisch war.

Natürlich können auch, gewissermaßen als »Kollateralnutzen«, demokratische Regierungen initiiert und gefördert werden, wenn davon auszugehen ist, daß sie auf der richtigen Seite stehen (und dort bleiben). Insofern haben die damalige Bundesrepublik Deutschland und Japan von den geostrategischen Erwägungen der Vereinigten Staaten profitiert, während andere Länder weniger Glück hatten. Das macht, notabene, die Irak-Frage besonders spannend: Da eine Nachfolgeregierung, welche die Reichtümer des Landes im Sinne der USA verwaltet, nicht in Sicht ist, müssen die Amerikaner selbst (und wer weiß, wie lange?) für den Aufbau entsprechender Strukturen sorgen, während besorgte Senatoren bereits darauf hinweisen, daß davon vor dem Krieg ja gar nicht die Rede gewesen sei. »›Der Irak ist nicht Ost-Timor, das Kosovo oder Afghanistan‹«, zitiert Chomsky in seinem neuesten Buch, *Hegemony or Survival* (dt. *Hybris*), Präsident Bushs Sicherheitsberaterin Condoleezza Rice, und fährt fort: »Sie benannte den Unterschied nicht genauer, vielleicht weil er zu offensichtlich ist. Der Irak ist ein Hauptgewinn, bei den anderen Fällen handelt es sich um Nieten. Darum muß Washington die Oberhand behalten und nicht die Vereinten Nationen, noch das irakische Volk.«

Es ist ein altes (und ziemlich schematisches) Modell der Ideologiekritik, die offen bekundeten politischen Intentionen mit den unausgesprochenen wirtschaftlichen Interessen, die ihnen zugrundeliegen, zu konterkarieren. Auch das war ein Streitpunkt in den Diskussionen um den Krieg gegen Saddam Hussein. »Es geht ums Öl!« lautete die Beschwörungsformel der Kritiker, während Wohlmeinende darauf verwiesen, daß die Regierung Bush immerhin eine vom Irak ausgehende Demokratisierung der gesamten Nahost-Region ins Auge gefaßt habe. Nun ist letztere unbestreitbar so notwendig, wie sich andererseits die Tatsache nicht leugnen läßt, daß der Irak über beträchtliche Ölreserven verfügt, und demzufolge wäre nichts naheliegender als anzunehmen, daß Washington versucht, das Angenehme mit dem Nützlichen zu verbinden, d. h. die fundamental-islamischen Regierungen im Nahen Osten zu schwächen, wo nicht gar zu beseitigen, um sich dadurch einen mehr oder weniger direkten Zugang zu den begehrten Rohstoffquellen zu verschaffen. In jedem Fall ist es geostrategisch sinnvoll, mit dem Irak schon mal einen Fuß in der Tür zu haben, zumal sich über Husseins Machtverlust bei niemandem, auch nicht bei Chomsky, richtige Trauer einstellen will. (Daß der Krieg völkerrechtswidrig war, interessiert schon gar nicht mehr, denn wer soll, bitteschön, völkerrechtliche Erwägungen mit einigem Nachdruck geltend machen? Schließlich hat auch Israel bislang alle UN-Resolutionen, in denen es zum Rückzug aus den besetzten Gebieten aufgefordert wurde, souverän ignoriert.)

Alles Weitere bewegt sich im Bereich von Spekulationen. Ob es überhaupt gelingen kann, im multi-ethnischen, multi-religiösen Irak, der ja eigentlich ein britisches Produkt ist, eine Art von Demokratie dauerhaft zu installieren, bleibt abzuwarten, ganz zu schweigen von Saudi-Arabien oder anderen Staaten. In jedem Fall dürfte es sich, wie reduziert auch immer, um eine Demokratie amerikanischen Zuschnitts handeln, in der, wie Chomsky immer wieder betont, die wirtschaftlichen, politischen und intellektuellen Eliten das Sagen haben; eine Art platonischer Polis ohne Philosophen an der Spitze.

Nicht zuletzt aufgrund seiner Kritik an der US-amerikanischen Demokratie wird Chomsky von aufrechten Patrioten gern des Anti-Amerikanismus bezichtigt, obwohl sein liberal-anarchistisches Beharren auf *wirklicher* Freiheit und *substantieller* Demokratie so völlig unamerikanisch nun wieder nicht ist.

X

Chomskys Analyse des inneren Zustands der USA läßt sich in wenigen Worten zusammenfassen: Herrschaft der Reichen, Knechtschaft der Armen – was im übrigen auch für das Verhältnis von entwickelten und Entwicklungsländern gilt. Und die Schere zwischen Wohlstand und Armut geht spätestens seit Reagans neoliberaler Wirtschaftspolitik immer weiter auseinander. (Nirgendwo ist, um nur ein Beispiel zu nennen, der Abstand zwischen dem Gehalt eines leitenden Managers und dem eines durchschnittlichen Angestellten so hoch wie in den Vereinigten Staaten.) Wohlfahrtsstaatliche Einrichtungen werden zerschlagen, Sozialprogramme gekürzt. Viele Amerikaner müssen Doppeljobs verrichten, weil die Lebenshaltungskosten zu hoch geworden sind, während das Realeinkommen niedriger ist als in den siebziger Jahren. Schon in seinem 1993 erschienenen Buch *Year 501: The Conquest Continues* (dt. *Wirtschaft und Gewalt*) – einer fulminanten Abrechnung mit kolonialistischen und neokolonialistischen Bestrebungen vom 16. Jahrhundert bis in die Gegenwart – sprach Chomsky von der »Dritten Welt im eigenen Land«; ein Zustand, den er auch dem von Unternehmerseite eifrig beförderten Niedergang der Gewerkschaften anlastet. Als Präsident Reagan 1981 einen Streik von Bundesfluglotsen brechen ließ (denen es allerdings, was Chomsky nicht sagt, vom Gesetz her verboten war zu streiken), hatte das eine Welle von antigewerkschaftlichen Aktivitäten zur Folge, und viele Betriebe drohten bei Streikgefahr mit dem Einsatz von Zeitarbeitskräften oder der Verlagerung der Produktion ins Ausland, und sie ließen es bei der Drohung nicht bewenden. Daß die Gewerkschaften den Wind, der sich gegen sie zu drehen begann, erst wahrnahmen, als er zum Sturm geworden war, ist eine andere Sache.

Erschwerend kommt hinzu, daß, so Chomsky, Demokraten und Republikaner zwei eher rechte Flügel einer übergreifenden Unternehmerpartei bilden, wobei die Demokraten etwas mehr »links« stehen als die Republikaner und von der Basis her stärker in den sozialen Bewegungen engagiert sind. Dagegen sind die Republikaner für ihn die eigentliche Partei der Besitzenden und darüber hinaus bestenfalls hysterische Chauvinisten sowie religiöse Fundamentalisten, und er zögert nicht, die Eröffnung ihres Nationalkonvents von 1992 mit dem Nürnberger Parteitag der NSDAP zu vergleichen – jedenfalls meint er, in Europa hätten die Bilder der Fernsehübertragung entsprechende Assoziationen ausgelöst. Im übrigen sagt er den Europäern voraus, daß die Übernahme amerikanischer Verhältnisse nur noch eine Frage der Zeit sei (und vielleicht ist es symptomatisch, daß in Deutschland die Gewerkschaften einer rot-grünen Regierung den Fehdehandschuh hinwerfen, um den allmählich in Bewegung geratenden Um- oder Abbau des Sozialstaats noch aufzuhalten, während neoliberale Stimmen in der FDP fordern, die gewerkschaftliche Macht endlich drastisch einzuschränken).

Es ist klar, daß Chomsky sich mit der planvollen Zerstörung des Bildes eines bei allen Fehlern letztlich doch friedlichen, freiheitlichen und wohlhabenden US-Amerika – eines Bildes, das auch von großen Teilen der intellektuellen Eliten gepflegt wird – wenig Freunde macht. Und selbst bei der Linken war die Empörung groß, als er, ebenfalls 1993, in *Rethinking Camelot: JFK, the Vietnam War, and U.S. Political Culture* es wagte, an einer Ikone der Liberalen zu kratzen. John F. Kennedy, so die These, habe keineswegs vorgehabt, den Vietnamkrieg zu beenden, sondern sei, im Gegenteil, die entscheidende Kraft bei der Eskalation gewesen. Zugleich wies Chomsky die (bis heute lancierte, aber immer noch unbewiesene) Behauptung zurück, Kennedy sei einer Verschwörung der CIA zum Opfer gefallen, die eben diesen Rückzug verhindern wollte. Der Aufschrei war weithallend, und die Vorwürfe reichten von Tatsachenverfälschung über Lüge und »schrille Hysterie« bis zu Paranoia.

Bezeichnenderweise werden diese Vorwürfe gern in einem Ton schriller Hysterie vorgetragen, während Chomsky das, was andere für Ungeheuerlichkeiten halten, zumeist sehr gelassen vorträgt: Er provoziert gern, aber mit trockener, bisweilen sogar heiterer Sachlichkeit. So kann er in einem Nebensatz einflechten, daß Lyndon B. Johnson »eigentlich ein Mann des Volkes« und Richard Nixon »ein wirklich liberaler Präsident« gewesen sei, wissend, daß viele seiner Anhänger der genau entgegengesetzten Ansicht sind. Diese scheinbaren Paradoxa zeigen seine Affinität zur Aufklärung des 18. Jahrhunderts und verleihen seinen Schriften bisweilen (leider nur selten) einen Zug von voltairianischem Sarkasmus (wobei Voltaire keine Geistesgröße ist, auf die er sich beruft) – es muß doch zu schaffen sein, die These von der besten aller möglichen (US-)Welten, und sei's auf Biegen oder Brechen, zu widerlegen.

Den vorläufig letzten dieser Versuche bilden seine Äußerungen zum NATO-Einsatz im Kosovo-Konflikt 1999. Schon kurz nach Beendigung des Kriegs erschien *The New Military Humanism: Lessons from Kosovo* (dt. *Der neue militärische Humanismus*) und ein Jahr später *A New Generation Draws the Line: Kosovo, East Timor and the Standards of the West* (dt. *People Without Rights*). Wiederum stieß seine These, die Bombardierung Serbiens durch NATO-Kampfflugzeuge habe nicht dazu beigetragen, die Greueltaten im Kosovo zu beenden, sondern sie vielmehr noch verstärkt, auf herbe Kritik, und selbst der englische Balkan-Spezialist

Adrian Hastings, eigentlich ein Chomskyaner, machte ihm den – auch von anderen Rezensenten erhobenen – Vorwurf, er habe die vom serbischen Präsidenten Slobodan Milosevic befohlenen Massaker in Bosnien und Kroatien unterschlagen und fügt hinzu:

>Das Buch [*The New Military Humanism*] bietet keine plausible Antwort auf die Frage, welche Alternative es für eine NATO-Intervention gegeben hätte, für die es ohnehin schwierig genug war, Zustimmung zu erlangen.«

Chomsky jedoch bestreitet schlichtweg, daß die Bombardierung humanitären Zwecken diente, sondern erblickt in ihr als einziges Motiv die »Sicherung der Glaubwürdigkeit der NATO« und damit des US-amerikanischen Machtanspruchs. Das heißt jedoch nicht, daß er, wie ihm gelegentlich unterstellt wurde, Partei für Milosevic ergreift; Chomsky ist kein Parteigänger, es sei denn derjenige der Opfer. Seine eigentliche Pointe ist eine andere: Wenn sich der Westen seines humanitären Engagements im Kosovo-Konflikt rühmt, warum hat er dann nicht – oder erst so spät – in Ost-Timor eingegriffen? Die Antwort ist einfach: Suharto war ein Mann des Westens, war, wie noch Clinton bestätigte, »unser Typ«, *our kind of guy*, Milosevic aber nicht. Ein derart selektiver »Humanitarismus« ist für Chomsky eben keiner, und wer sich seine Feinde – und damit auch seine Freunde – nach dem Gebot der Stunde aussucht, kann keinen Anspruch auf moralische Integrität erheben.

XI

Chomsky Einseitigkeit vorzuwerfen ist nicht schwer; sein Urteil ist nicht das eines auf Objektivität zielenden Historikers, auch wenn er geschichtliche Ereignisse und Abläufe mit dem Anspruch auf Genauigkeit rekonstruiert. Sein Ziel ist jedoch ein im Wortsinn polemisches: die herrschende Ideologie, die, zumindest darin geht er mit Marx einig, im Durchschnitt die Ideologie der Herrschenden ist, zu bekämpfen, um den »unworthy victims«, den Opfern, die es nie zu einem Foto auf der Titelseite oder einem Bericht in den TV-Nachrichten bringen, Gehör zu verschaffen und zugleich jene Lügen, die den Status offizieller Wahrheiten erlangt haben, ihrer Prachtgewänder zu berauben. Chomsky, der Mythentöter, der Desillusionist.

Wer solche Aufgaben zu bewältigen hat, sucht sich seine Freunde und Feinde gewiß nicht nach der Gunst der Stunde aus, und so dürfte Chomskys Lust an der Provokation, verbunden mit seiner libertären Auffassung von Meinungs- und Gedankenfreiheit, zu jener »Affäre Faurisson« geführt haben, die ihm zeitweilig den Verruf eintrug, Parteigänger antisemitischer Holocaust-Leugner geworden zu sein.

Die Fakten sind bekannt (vgl. dazu den Beitrag von Larissa MacFarquhar in diesem Band), doch bleibt die Frage, warum Chomsky ganz ungezwungenermaßen in die Abseitsfalle lief, als er seine Stellungnahme zum Fall Faurisson der beliebigen Verwendung anheimstellte. War es Naivität? Die dürfte man einem Intellektuellen seiner Statur nicht durchgehen lassen. Wahrscheinlicher ist, daß Chomsky in dem französischen Professor das Opfer einer von konformistischen Intellektuellen betriebenen Ausgrenzungsstrategie erblickte. Zum einen bekundete er seinem Biographen Robert F. Barsky gegenüber, daß »[Pierre]

Vidal- Naquet, Faurissons schärfster und kenntnisreichster Kritiker, keinerlei Beweise vorlegen konnte, daß Faurisson Antisemit war oder überhaupt politische Meinungen vertrat« – wobei er zugleich einräumt, gewußt zu haben, daß Faurisson »privat Pamphlete publiziert hatte, in denen die Existenz von Gaskammern bestritten wurde« –, zum anderen sah er sich selbst als politischer Publizist in den USA ebenfalls ausgegrenzt, und Invektiven gegen die staatshörigen Intellektuellen lassen sich in fast jedem seiner Bücher finden. So gibt er denn gegenüber Barsky ganz offen zu, daß er in den späten siebziger Jahren »nach dem Zusammenbruch von *Ramparts* und *Liberation*« – beides Zeitschriften der radikalen Linken (wobei »radikal« in den USA etwas anderes bedeutet als in Alt-Europa) – regelmäßig nur noch in »*Inquiry*, [der] Zeitschrift des rechtsradikalen Cato-Institute« veröffentlichen konnte. Es ist schon erstaunlich, daß Barsky diese Äußerung nicht mit der »Affäre Faurisson« in Verbindung bringt, geht daraus doch zumindest hervor, daß Chomsky gerade zu jener Zeit politische Berührungsängste formeller Art offenbar fremd waren. Allerdings hat er seit den achtziger Jahren seine Politica nur noch in kleinen Verlagen veröffentlicht, die eindeutig dem linken Spektrum angehören. Inhaltliche Flirts mit der extremen Rechten gibt es ohnehin nicht; Faschismen aller Art waren für Chomsky als Ausdrucksformen totaler und totalitärer Macht niemals akzeptabel.

Jedoch verdankt sich sein Plädoyer für eine nahezu unbegrenzte Freiheit der Meinungsäußerung nicht nur dem Liberalanarchismus, sondern auch der in den Vereinigten Staaten überaus großzügigen Auslegung des Rechts auf eine solche Freiheit – so großzügig, daß US-Gerichte amerikanischen Neonazis Demonstrationen auch in Wohnvierteln mit jüdischer Bevölkerung, zu der ja Überlebende der Vernichtungslager gehören können, gestatten, was in Deutschland, aus guten Gründen, unmöglich ist. Überdies läßt sich mit Chomsky fragen, ob es sinnvoll ist, die Darstellung geschichtlicher Ereignisse juristisch festschreiben zu wollen und so die von den Nationalsozialisten betriebene Vernichtung der Juden zum Gegenstand gerichtlicher Erörterungen zu machen. Sicher ist, wer die Gaskammern leugnet oder verkündet, Auschwitz sei ein Sanatorium gewesen, ein Ignorant oder ein Zyniker oder Schlimmeres, möglicherweise jedoch richtet die Einschränkung der freien Meinungsäußerung mehr Schaden an als die wichtigtuerischen Pamphlete begriffsstutziger Mikrokephalen, die wohl besser durch Lächerlichkeit zu töten wären, als daß man ihnen in langwierigen Gerichtsprozessen jene Publizität verschafft, die zu erlangen ihr einziges Ziel ist.

Bleibt festzuhalten, daß der Vorwurf, Chomksy sei Revisionist oder Antisemit, sich mit seinem *Laissez-faire*-Verhalten in der »Affäre Faurisson« ebensowenig belegen läßt wie aus seinen gesamten politischen Schriften, während die Legende, er habe zu einem Buch von Faurisson das Vorwort geschrieben, wozu seine Stellungnahme doch allererst verfremdet wurde, auch weiterhin durch die Medien geistert. Aber Legenden sind, wie gesagt, nicht umzubringen.

XII

Cie Freiheit des Denkens und seiner Verbreitung, die Chomsky für sich und andere in Anspruch nimmt, hat, es wurde schon erwähnt, liberale und anarchistische Wurzeln. Von Chomsky selbst wissen wir, daß er bereits im Alter von zehn Jahren für die Schülerzeitung einen Aufsatz über den Spanischen Bürgerkrieg verfaßte – es ging um den Fall von Barcelona, eine Bastion der republikanischen Truppen. Das dürfte seine erste Auseinandersetzung mit dem Anarchismus und dessen Gegenspielern, Faschismus und Stalinismus, gewesen sein. Entscheidend beeinflußt wurde er dann, wie Barsky schildert, durch das jüdische Arbeitermilieu in New York, das er über einen Onkel kennenlernte, der an der 72. Straße einen Zeitungskiosk betrieb. Dieser diente weniger als Einkommensquelle denn als Treffpunkt für jüdische Emigranten, die oft arm, aber gebildet waren und über Freud, Marx, Bakunin, Literatur, Musik und andere Themen diskutierten. Chomsky interessierte sich vor allem für politische Zusammenhänge und stieß dabei auf die Schriften Rudolf Rockers, eines 1933 in die USA ausgewanderten deutschen Anarcho-Syndikalisten, der sich schon in seiner Jugend der jüdischen radikalen Arbeiterbewegung angeschlossen, Jiddisch gelernt und eine rege publizistische Tätigkeit entfaltet hatte. Chomsky las alles von Rocker, was er auftreiben konnte, und geriet so immer stärker unter den Einfluß anarchistischer Ideen. Auch George Orwells 1938 erschienenes Buch *Homage to Catalonia* (dt. *Mein Katalonien*), der eindringliche Augenzeugenbericht eines direkt Beteiligten – der Autor kämpfte als Mitglied der POUM gegen die Franco-Truppen – dürfte ihn in der Ablehnung des Sozialismus leninscher Bauart bestärkt haben, schildert Orwell doch mit unverhohlener Verachtung die Liquidierungstaktiken der Stalinisten, die ihren eigentlichen Feind eher in den anarchistischen Milizen sahen als in den Feinden der Republik.

Jedenfalls konnte und kann Chomsky mit der Propagierung einer »Avantgarde-Partei«, der die Massen mehr oder weniger besinnungslos zu folgen haben, nichts anfangen. Er setzt nach wie vor auf die Selbstorganisation von

Kollektiven, die ein wirkliches Interesse an Emanzipation haben und eben darum auf staatliche oder parastaatliche Einmischung verzichten. Rudolf Rocker schreibt in seinem Buch *Nationalism and Culture*: »Politische Macht strebt immer nach Uniformierung«, weshalb der Nationalstaat auch in schärfstem Gegensatz zur vielfältigen und spontanen Kreativität von Kultur stehe. Das würde Chomsky in dieser dichotomischen Unbedingtheit nicht unterschreiben, aber die Vision einer Gesellschaft, in der alle Menschen ihre Fähigkeiten frei entfalten können, geht vor allem auf Rocker und andere Theoretiker des Anarchismus zurück.

Er findet sie allerdings auch bei einem Denker gänzlich anderer Art, nämlich bei Wilhelm von Humboldt, den er nicht nur – was in Deutschland auf scharfe Kritik stieß – für seine Sprachforschungen zu vereinnahmen suchte, sondern dessen (wohl 1792 entstandene) Schrift *Ideen zu einem Versuch, die Grenzen der Wirklichkeit des Staats zu bestimmen* er auch häufiger als Beispiel eines aufklärerisch-kritischen Liberalismus anführt und zum Zeugen für die negativen Folgen entfremdeter Lohnarbeit macht. Besonders gern und häufig zitiert er Humboldt mit folgenden Worten:

»Was nicht von dem Menschen selbst gewählt, worin er auch nur eingeschränkt und geleitet wird, das geht nicht in sein Wesen über, das bleibt ihm ewig fremd, das verrichtet er nicht eigentlich mit menschlicher Kraft, sondern mit mechanischer Fertigkeit.«

Humboldts organisches Bildungsideal, das er der Mechanik des absolutistischen Staats entgegenstellt, wendet Chomsky zum Angriff auf die arbeitsteilige Gesellschaft der Moderne und bemerkt: »Was von [Adam] Smiths und Humboldts Lehren in der zeitgenössischen Ideologie überlebt, ist ein

häßliches und verzerrtes Bild, das im Interesse der Herrschenden zusammengeschustert wurde.« Leider ver-
schweigt er uns Einzelheiten und nennt auch nicht die
Namen der entsprechenden Flickschuster (aber sicherlich
meint er nicht die deutschen Gymnasien und Universitä-
ten, die einst die Ideale Humboldts verwirklichen sollten).

In diesem Zusammenhang beruft sich Chomsky auch auf
einen Repräsentanten eines klassischen Liberalismus, den
er als Theoretiker, zugleich aber auch als Kritiker des sich
entwickelnden Industriekapitalismus begreift. In Adam
Smiths berühmtem ökonomischen Hauptwerk über den
Reichtum der Nationen (*An Enquiry into the Nature and Causes
of the Wealth of Nations*) findet er nicht nur die Kritik an den
negativen Folgen der Arbeitsteilung, sondern auch jene Bemerkung über die »bösartige Maxime der Herrschenden:
Alles für uns und nichts für die anderen«, die er den auf
Smiths Lob des Freihandels sich berufenden Neoliberalen
immer wieder entgegenhält. Wirklich freien Handel im
Sinne des Erfinders, erklärt Chomsky, hat es in der Geschichte so gut wie nicht gegeben; dem stand nicht nur der
Kolonialismus im Wege, sondern auch die (bis heute) be-
liebte Methode, sich gegen unangenehme Konkurrenz mit
Einfuhrzöllen und der Subventionierung einheimischer
Produkte zu schützen. Der emphatische Begriff von Freiheit, den Chomsky bei Smith und Humboldt – im Grunde
eher konservativen Geistern – findet, hat sich bislang gegen
die Realität staatlicher Reglements nicht durchsetzen können.

Das betonen natürlich auch Neoliberale wie Milton
Friedman oder Robert Nozick, die im Staat ebenfalls eine
Zwangsjacke sehen, von der es sich zu befreien gilt. Hier
allerdings steht das ökonomisch denkende und handelnde
Individuum der bürgerlichen Gesellschaft im Mittelpunkt,
während Chomskys in dieser Hinsicht eher sozialistisch

inspirierter Anarchismus auf die Bildung von Kollektiven mit dem Fernziel einer Zivilgesellschaft setzt, in der die Interessen und Fähigkeiten des einzelnen in einem substantiell demokratisch verfaßten sozialen Umfeld sich entfalten können. Humboldt vereint mit Gramsci, wenn man so will; Chomsky beläßt seine Utopie im skizzenhaft Vagen.

Abgesehen davon zitiert er »seine« Klassiker, darunter auch David Hume und John Dewey, viel zu spärlich (und, im Gegensatz zu seinen sonstigen Gepflogenheiten, ohne bibliographische Hinweise), als daß man von einer produktiven Auseinandersetzung sprechen könnte. Es geht ihm nicht um Ideengeschichte noch um die wissenschaftliche Demontage neoliberaler Theorien, sondern um das, was aktualiter geschieht, und da sprudeln, seine Kritik ins Werk zu setzen, Quellen ganz anderer Art.

XIII

Insgesamt nämlich kann man Chomskys politischen Schriften vorwerfen, was man will, nicht aber Zitatarmut. Vielmehr beklagen Rezensenten häufig das Sperrfeuer von Sätzen und Halbsätzen aus Abhandlungen, Zeitungen, amtlichen Verlautbarungen, Dokumenten und Interviews, mit denen Chomsky seine Darstellungen anreichert. Ein nicht ganz untypisches Beispiel:

> »Falsche Voraussagen [in der Wirtschaftspolitik] sind keine Sünde; noch immer werden grundlegende Faktoren der Weltwirtschaft ›nur höchst unzureichend verstanden‹ (Jeffrey Sachs). Allerdings läßt sich schwer übersehen, daß ›schlechte Ideen Konjunktur haben,

weil mächtige Gruppen daran interessiert sind‹ (Paul Krugman). Das Vertrauen auf das, was zweckdienlich ist, wird noch bestärkt durch den blinden Glauben an die ›Religion‹ des allwissenden Markts (Joseph Stiglitz).«[11]

In einer Anmerkung werden wir mit wünschenswerter Genauigkeit über die Herkunft der Zitate informiert, während Chomsky aus ihnen den für Kenner keineswegs überraschenden Schluß zieht:

»Diese Religion ist so heuchlerisch wie fanatisch. Seit Jahrhunderten ist die Theorie des ›freien Markts‹ zweischneidig: Marktdisziplin ist gut für die Armen und Wehrlosen, während die Reichen und Mächtigen sich im Schoß von Vater Staat geborgen fühlen dürfen.«

Um herauszufinden, ob Sachs u. a. der Konklusion zustimmen würden, müßte man natürlich die Quellen, das Umfeld der Zitate, studieren.

Die – in den späteren Schriften forciert angewandte – Methode, fortwährend Sätze und Teilsätze anderer Autoren aus deren argumentativen Zusammenhängen zu lösen, erfüllt unterschiedliche Funktionen. Basaler- und banalerweise dient sie zunächst dazu, eigene Ansichten zu stützen bzw. den Zitierten bestimmte Anschauungen zuzuweisen, auf der rhetorischen Ebene jedoch läßt sich ihre Aufgabe als »Herstellung von Dissens« beschreiben. Aus dem Patchwork von Zitaten, Fakten und Darstellungen kristallisiert sich ein Bild der Welt, das in direktem Gegensatz zu dem von den Mainstream-Medien propagierten steht. Wo diese Fortschritte preisen, erblickt Chomsky Stillstand oder

Rückschritt, wo diese die Regierung loben, kritisiert er sie, wo diese die USA von äußeren Feinden bedroht sehen, sieht Chomsky die »Feinde« von den USA bedroht, wo diese schweigen und verschweigen, redet er. Er zitiert, um zu zeigen, daß es vom Mainstream abweichende Auffassungen gibt; er zitiert, um zu zeigen, daß als »liberal« gerühmte Autoren in Wirklichkeit finstere Parteigänger der Macht sind; er zitiert, um zu zeigen, daß die Zitate den Tatsachen widersprechen; er zitiert, immer und immer wieder, bestimmte Sätze bestimmter Autoren (Walter Lippmann, Edward Bernays, Reinhold Niebuhr), um seine These von der Verachtung der Eliten für die Massen zu untermauern, die eben – nicht anders als im Staatssozialismus – der Indoktrination bedürfen, damit sie nicht rebellisch werden und die Eigentumsverhältnisse in Frage stellen. Besonders gern und häufig zitiert er aus der *New York Times* (und hier recht oft den von ihm wenig geschätzten »diplomatic correspondent« Thomas L. Friedman), dahinter rangieren – in ungefähr dieser Abfolge – der *Boston Globe*, die *Washington Post*, das *Wall Street Journal*, die *Financial Times*, der *Christian Science Monitor*, die *Los Angeles Times* sowie andere, national wie international weniger bedeutende Blätter. Natürlich zitiert er auch aus Periodika wie *Newsweek*, *International Affairs* und *Foreign Policy* (um nur ein paar zu nennen), nicht zu vergessen die fachwissenschaftliche Literatur zum jeweiligen Thema. (Höchst selten indes werden TV-Sendungen herangezogen, und auch in seiner Medienanalyse spielt das Fernsehen so gut wie keine Rolle; in dieser Hinsicht ist er ein Geistesarbeiter traditioneller Provenienz.)

Aus diesen unterschiedlichen Quellen speist sich ein sehr kohärentes Universum: das Chomsky-Universum. Es ist, wie bei einem Rationalisten nicht anders zu erwarten, überschaubar, sorgfältig geordnet und durchaus transparent.

Und es ist sehr düster. Überschaubar ist es aufgrund der Themen: die US-Politik in Indochina (vor allem Vietnam und Indonesien), Lateinamerika (besonders häufig: Nicaragua und andere mittelamerikanische Staaten, ferner Kuba und Haiti) und Nahost (im Zentrum natürlich die US-amerikanische Unterstützung der gegen die Palästinenser gerichteten israelischen Politik); die Komplizenschaft der Medien mit der jeweiligen US-Regierungspolitik; die Zerschlagung sozialstaatlicher und sinnvoller kollektiver Strukturen (z. B. Arbeiterorganisationen) in den Vereinigten Staaten selbst. Sorgfältig geordnet ist es, weil die Rollen eindeutig verteilt sind: Auf der einen Seite steht die unilaterale Machtpolitik eines Souveräns, der über Freund und Feind nach geostrategischen, in letzter Hinsicht global-ökonomischen Imperativen entscheidet, auf der anderen Seite befinden sich die Opfer dieser Politik: Ost-Timoresen, türkische Kurden, Palästinenser, Nicaraguaner, Irakis, Kubaner, Haitianer usw. und natürlich die ohnmächtige »Dritte Welt im eigenen Land«. Dazwischen stehen Regierungen und/oder politische Eliten, die entweder mit der Bevölkerung gegen den amoralischen Universalismus des absoluten Souveräns oder aber gegen die Mehrheit der eigenen Bürger mit diesem gemeinsame Sache machen und dementsprechend bestraft oder belohnt werden, während die Vereinten Nationen zwar regelmäßig wohlmeinende Resolutionen zur Förderung von Frieden, Freiheit und Fortschritt verabschieden, diese jedoch ebenso regelmäßig vom Souverän mit einem Veto bedacht werden. Transparent schließlich ist Chomskys Universum, weil es, das ethische Minimalprogramm einmal ausgenommen, ohne Theorie(n) auskommt: Die Welt ist so, wie sie ist, und sie ist so, weil der Fülle souveräner Macht die Fülle der Ohnmacht der Abhängigen und Ausgelieferten entspricht. Dazwischen liegt – fast – nichts; zwar räumt Chomsky den in den sechziger und siebziger Jahren entstandenen sozialen Bewegungen einige Erfolge ein, weil ohne sie vieles noch viel schlimmer gekommen und Ronald Reagan ganz umstandslos in Nicaragua einmarschiert wäre, doch haben sie die grundlegenden Machtstrukturen bislang nicht antasten können.

XIV

Chomskys Universum ist also nicht nur übersichtlich, sondern zugleich auch düster und von Gewalt beherrscht; zu seinen bevorzugten Begriffen gehört *atrocities*, Greueltaten, die vorwiegend von den USA und ihren Vasallen gegen die Zivilbevölkerung verübt werden (seit Vietnam sind es vor allem die Vasallen). Für ihn sieht die Welt in vielen Regionen aus wie die des Naturzustands bei Hobbes; es ist eine Welt fortwährender Kriege und (von den imperialen Mächten verursachter oder geförderter) Bürgerkriege, in der es, so die berühmte und eindringliche Schilderung im *Leviathan*, »keinen Ackerbau, keine Schifffahrt, keine bequemen Wohnungen, keine Werkzeuge höherer Art, keine Länderkenntnis, keine Zeitrechnung, keine Künste, keine gesellschaftlichen Verbindungen [gibt]; statt dessen ein tausendfaches Elend; Furcht, gemordet zu werden, stündliche Gefahr, ein einsames, kümmerliches, rohes und kurz dauerndes Leben«.[12]

Jedenfalls so lange, bis sich alle freiwillig der einen Macht unterwerfen, die ihnen Schutz, Ordnung und Prosperität gewährt.

Konservative US-Kommentatoren und die Regierung

Bush jr. halten die Vereinigten Staaten für eine solche Macht, übersehen aber geflissentlich, daß das Engagement sich im wesentlichen auf Länder beschränkt, in denen es etwas zu holen gibt. Darum wurde in Afghanistan ein einfacher Vergeltungskrieg geführt, nach dessen Beendigung sich die US-Armee zurückzog, um internationalen Truppen die – bislang nicht geglückte – Wiederherstellung oder Neustrukturierung der inneren Ordnung zu überlassen, während der Irak andere Perspektiven bietet. Unberücksichtigt bleiben natürlich auch, wie schon erwähnt, die Opfer jener autoritären Regimes, die während des Kalten Kriegs von den USA unterstützt wurden; das sind Kollateralschäden einer in anderen Dimensionen planenden Strategie.

Es mag, den machtpolitischen Idealismus oder Zynismus solcher Vorstellungen einmal beiseite gesetzt, auf den ersten Blick erstaunen, daß Chomsky, der als Sprachwissenschaftler den Rationalismus des 17. Jahrhunderts – Descartes, die *Logik* von Port-Royal – durchaus schätzt, in seinen politischen Schriften Hobbes nicht erwähnt. Sicherlich würde er dessen (je nach Einschätzung) negatives oder realistisches Menschenbild ebensowenig teilen wie die vertragstheoretischen Folgerungen, die der illusionslose Materialist daraus zieht – Hobbes' Staat ist den Anarchisten die Inkarnation des Übels –, jedoch unterscheidet sich die dunkle Welt des Naturzustands, die der Philosoph beschwört, nur um eine, allerdings entscheidende, Nuance vom Massaker-Universum Chomskys: Für Hobbes ist Macht der Ausweg aus der Krise, für Chomsky der Weg, der zu ihr führt. Da macht sich Rousseau dann allemal besser, wobei, wie Chomsky mit Recht betont, die Auffassung, daß die Menschen frei geboren werden, sich wissenschaftlich ebensowenig beweisen läßt wie das Gegenteil.

Falls aber die Asymmetrie von Macht der hauptsächliche, wenn nicht gar der einzige, Dreh- und Angelpunkt ist, aus dem die Schieflage der Welt sich erklärt, läuft der Kritiker dieser Asymmetrie Gefahr, in jènen polaren Strukturen befangen zu bleiben, die der Befürworter verklärt. Dem Denken in den Kategorien von Freund und Feind entkommt auch Chomsky nicht, wenn er die von ihm so reichlich zitierte Literatur darauf abklopft, ob sie der Macht dient als Gehilfin der Regierung oder sich der »guten« Sache annimmt und der staatlichen Gewalt ihre Opfer vorrechnet. Schärfer noch ließe sich fragen, ob Chomskys Universum mehr ist als das negative Abbild jener Welt, in der die Reagans und Bushs (und die bin Ladins und Saddam Husseins und tutti quanti) immer schon wissen, wo sie den Feind zu suchen haben.

Chomskys politisches Schreiben ist reaktiv, er antwortet auf die Vorgaben der institutionalisierten Macht, er bestreitet ihre Wertungen, ja ihre Legitimität, er dreht den Spieß um und sagt: Staatlicher Terror ist der eigentliche und schlimmere, und der US-amerikanische am scheußlichsten, gerade weil er im Gewand des Wohlwollens auftritt, und er wiederholt es auf vielfältigste Weise, aber er hat der Logik von Terror und Gegenterror nichts entgegenzusetzen außer die Umkehrung der Bewertung.

XV

Eines seiner neueren Bücher ist *Understanding Power* betitelt, in dem er, befragt von Zuhörern seiner Vorträge, bereitwillig und umgänglich wie immer, Auskunft gibt über alle möglichen politischen Themen, die ihm und dem Publikum am Herzen liegen – doch hieße »Macht *verstehen*« bzw. »*Macht* verstehen« einen Begriff davon zu haben oder zumindest die Frage zu stellen, ob die US-amerikanische Politik das Paradigma für Macht schlechthin ist (allerdings taucht »power« nicht einmal im Index auf). Für Chomsky ist Macht – als Befugnis, die Welt nach eigenen Maßstäben zu deuten und zu verändern – offensichtlich im wesentlichen eine Eigenschaft staatlicher Institutionen und Herrschaftseliten, insbesondere Regierungen, und er beschreibt die (oft genug verheerenden) Auswirkungen politischer Machtkonstellationen, aber er bleibt, linguistisch gesprochen, immer auf der syntaktischen Ebene, der je nach Interessenlage unterschiedlichen Verknüpfung und Umsetzung machtgeleiteter Imperative, während die semantische Ebene, die Frage, was »Macht« über die Fähigkeit zur, notfalls gewaltsamen, Durchsetzung von Intentionen hinaus für komplexe politische (staatliche und suprastaatliche) Gebilde bedeutet, ausgeblendet bleibt.

Zweifellos würde Chomsky antworten, daß Macht eben genau dies bedeutet und nichts anderes; Macht »verstehen« heißt wissen, auf welche Weise sie funktioniert, nämlich durch Gewalt und manipulativ oktroyierten Konsens, zwei Seiten einer Medaille, um den Pöbel bei Laune und in Reih' und Glied zu halten (*Keeping the Rabble in Line* heißt eines seiner Bücher), damit die Eliten ungestört ihre Interessen verfolgen können. Immer wieder zitiert er Umfragen, denen zufolge die US-Bevölkerung mehrheitlich etwas anderes will als die Regierung; weniger Krieg und Aufrüstung, mehr Sozialstaat, während die Regierung sich darum den Teufel schert. (Allerdings will die US-Bevölkerung auch mehrheitlich die Todesstrafe und ist prinzipiell oft genug bereit, die jeweilige US-Außenpolitik zu unterstützen.) Eines seiner Lieblingsbeispiele ist der Eintritt der USA in den

Ersten Weltkrieg 1917. Bis dahin war die Bevölkerung überwiegend pazifistisch eingestellt gewesen, was sich nun ändern mußte. Also rief Woodrow Wilson das Committee on Public Information – eine staatliche Propaganda-Agentur – ins Leben, der auch Edward Bernays, später einer der bekanntesten PR-Fachleute, angehörte. Es gelang der Kommission, die öffentliche Stimmung binnen sechs Monaten ins Gegenteil zu verkehren und für den Kriegseintritt zu begeistern, zumeist, wie Chomsky meint, mit Hilfe antideutscher Greuelpropaganda, die man aus dem britischen Informationsministerium bezog. (Aber es *könnte* ja auch die tatsächliche Versenkung amerikanischer Handelsschiffe durch deutsche U-Boote eine Rolle gespielt haben.)

Nun sind Gewalt und Propaganda – letztere firmiert heute unter der Bezeichnung *public relations* – im 20. Jahrhundert zu bevorzugten Mitteln von Großmachtpolitik geworden; insbesondere Faschismus und Staatssozialismus haben umfangreiche Ideologiefabriken, Repressionsapparate und Vernichtungsmaschinerien in Gang gesetzt, um ihre Hegemonialinteressen nach innen abzusichern und nach außen zu erweitern, und in dieser Hinsicht lassen sich Parallelen zur Hegemonialmacht USA ziehen. Indes ist zu bezweifeln, daß der Unterschied zwischen einer – und sei es noch so unvollkommenen – Demokratie und einer totalitären Diktatur *quantité négligeable* ist. Auch Chomsky, dessen Argumentation dies bisweilen nahezulegen scheint, wenn er im US-Elitismus nur die Kehrseite der leninschen Avantgarde-Partei sieht, räumt ein, daß es in den Vereinigten Staaten Freiheiten gibt, die sehr viele andere Länder nicht zu bieten haben. (In den sozialistischen Staaten sind, wie er betont, seine Bücher niemals übersetzt und veröffentlicht worden.) Aber diese Freiheiten und die Gruppen, die an ihrer Verteidigung, wo nicht gar Ausweitung arbeiten, verschwinden regelmäßig hinter den Kolossen wirtschaftlicher, militärischer und politischer Machtentfaltung. Nicht zu Unrecht bemerkt der Kommunikationswissenschaftler Robert McChesney, ein Chomskyaner:

> »Chomskys Beschreibung der unsere Wirtschaft, Politik, Medien und Kultur durchdringenden neoliberalen Machtstrukturen ist so überwältigend, daß sie bei manchen Lesern ein Gefühl der Resignation hervorrufen kann.«

McChesney formuliert sehr vorsichtig, aber seine Vermutung dürfte begründet sein: Die Kehrseite der Macht im Chomsky-Universum ist eher die Ohnmacht als die Gegenmacht. In einer Diskussion darauf angesprochen, warum er über keinerlei »revolutionäre Praxis« verfüge, antwortet Chomsky allerdings mit echt amerikanischem Pragmatismus:

> »Ich weiß nicht genau, was das bedeutet. Es gibt viele Dinge, die getan werden können, ohne daß man sie mit modischen Ausdrücken beschreiben müßte. Und wir tun am besten das, was jetzt als nächstes ansteht. Man kann das nicht in allgemeine Formeln packen – man kann sich nur fragen, wo man steht, welche Probleme vorliegen, wo es Leute gibt, die bereit sind zu handeln. Und dann tut man sich mit ihnen zusammen. Das Spektrum ist sehr groß, und welche Dinge Vorrang haben, ist nicht so einfach zu entscheiden. Die Leute haben da durchaus unterschiedliche Meinungen. Aber wenn jemand mit einer ›Praxis‹ daherkäme – mit einer Formel, die besagt: ›Nur auf *diese* Weise könnt ihr das Problem angehen‹ –, dann wäre ich an Ihrer Stelle *wirklich* skeptisch.«

Chomskys Ablehnung dessen, was die traditionelle Linke einst für wichtig hielt – eine *Theorie* der Funktionsweise des kapitalistischen Systems und eine daraus resultierende »emanzipatorische« oder »revolutionäre« *Praxis* –, ist seine Stärke und zugleich seine Schwäche. Seine Stärke, weil diese Theorie und diese Praxis mit der Wirklichkeit längst nicht mehr kompatibel waren: Die Marxsche Arbeitswertlehre war ein Kind des Industriekapitalismus, der sich im 19. Jahrhundert herausbildete; sie verfiel mit dem Dahinschwinden des klassischen Proletariats, und damit war auch das »revolutionäre Subjekt«, das daraus sich rekrutieren sollte, obsolet geworden. Vollends ließ der nach dem (keineswegs bedauernswerten) Abscheiden des Staatssozialismus triumphierende Kapitalismus den Marxismus als Trümmerhaufen zurück. Was übrigbleibt – und das leistet Chomsky –, ist die Beschreibung von Machtstrukturen, deren Eigendynamik bedrohliche Ausmaße angenommen hat – *Hegemony or Survival*, Hegemonie oder Überleben, ist ein bezeichnender Titel. Auf diese Dynamik mit einer Theorie zu reagieren wäre so voreilig wie die Suche nach einem neuen revolutionären Subjekt; insofern sind Chomskys politische Schriften nicht mehr und nicht weniger als der Versuch einer möglichst nüchternen Bestandsaufnahme, die notgedrungen nicht besonders optimistisch ausfallen kann.

XVI

Dennoch läßt Chomskys mit Skepsis begründeter Theorieverzicht – seine Analysen wurzeln im guten alten angelsächsischen Empirismus – die Frage offen, was für ihn den Raum des Politischen ausmacht, und darin liegt seine Schwäche. Während die linken Bewegungen der siebziger Jahre (insbesondere der Feminismus) den Slogan lancierten, das Private sei politisch, so daß schließlich alles »irgendwie« politisch war, folgten die US-Regierungen, vor allem die Ronald Reagans, Carl Schmitts berühmt-berüchtigter Bestimmung des Politischen als »Unterscheidung von *Freund* und *Feind*«, wobei der Feind derjenige ist, gegen den, je nach Sachlage, ein Krieg geführt werden kann oder muß. »Verhandlungen sind ein Euphemismus für die Kapitulation, solange nicht der Schatten der Macht auf den Verhandlungstisch fällt«, zitiert Chomsky immer wieder gern Reagans US-Außenminister George Shultz. Weitere Beispiele für die Freund-Feind-Logik der amerikanischen Außenpolitik finden sich zuhauf; George W. Bushs »Achse des Bösen« mitsamt dem aus dieser Metapher erwachsenen Irak-Krieg ist das jüngste Exempel.

Wo aber liegt für Chomsky der Raum des Politischen? Will oder kann er überhaupt die Konturen einer Gegen-Macht skizzieren, die fähig wäre, den Globalisierungsstrategien des Welthegemons etwas entgegenzusetzen, so wie Jürgen Habermas es mit einer auf bestimmten Werten beruhenden »europäischen Identität« versucht? Aber Europa war für Chomsky nur interessant, als die NATO auf dem Balkan intervenierte. Ansonsten sind Regionen, wo es keine US-Terroropfer gibt, ohne Belang. Er zeichnet die von Toten gesäumten geostrategischen Straßen der US-Politik nach, blendet die Frage nach möglichen Gegenstrategien jedoch aus. Natürlich beklagt er sich über die Mißachtung der Vereinten Nationen und des Internationalen Gerichtshofs durch die USA, sagt aber nicht, wie diese Organisationen zu stärken wären. Der Unwille, den Raum des Politischen zu bestimmen, führt zu der von McChesney konstatierten

Hilflosigkeit des Chomsky-Lesers angesichts der hoch sich auftürmenden Beweise schrecklicher (d. h. terroristischer) Macht. Chomsky denkt, darauf ist häufig hingewiesen worden, in quantitativen Beziehungen: Palästinensische Terrororganisationen begehen Verbrechen, die israelische Armee aber noch viel schlimmere, soll heißen, mindestens zahlenmäßig umfangreichere. Der Anschlag auf das World Trade Center war ein Terrorakt, den die USA mit einem anderen Terrorakt, der Bombardierung Afghanistans, beantworteten. Mimetische Gewalt beherrscht die Welt, doch ist die des finsteren Souveräns und seiner Vasallen immer noch um ein entscheidendes Stück gewaltsamer. Aber was folgt daraus?

Strategien zur Reduzierung, wenn nicht gar Beseitigung asymmetrischer Machtverhältnisse müssen, damit ihre Erfolgschancen abwägbar werden, den Raum des Politischen besetzen oder bestimmen. Sehr wahrscheinlich ist allen am Nahost-Konflikt beteiligten Parteien klar, daß ohne die Errichtung eines unabhängigen palästinensischen Staats die längst reflexartig geronnenen Gewaltverhältnisse andauern werden. Wie die Grenzen und die Verfassung dieses Staats beschaffen sein sollen, ist Sache von Verhandlungen, die von Fundamentalisten beider Seiten – Hamas und Co. hier, radikale jüdische Siedler dort – seit Jahren erfolgreich torpediert werden. Die zweideutige Rolle der USA in diesem Konflikt hat Chomsky in *Fateful Triangle* hinlänglich analysiert und die jeweils vorgeschlagenen Strategien zur Behebung des Konflikts – zuletzt das Osloer Friedensabkommen – vernichtend kritisiert. Seinerseits scheint er (aber deutlich wird das nie) die Umsetzung zumindest der UN-Resolution 242 zu befürworten, die den Rückzug der Israelis aus allen besetzten Gebieten vorsieht, doch läuft seine Strategie zur Veränderung der US-Politik, wie so häufig, auf einen Appell an den Goodwill seines Publikums hinaus:

»Die Vereinigten Staaten sind und bleiben dort [im Nahen Osten] der entscheidende Faktor, und das ist gut für uns, denn diesen Faktor können wir beeinflussen, wenn wir die Verantwortung zu tragen gewillt sind.«

Wer dieses »wir« ist und welche Wege der Einflußnahme es nehmen könnte, bleibt offen. Natürlich muß der Kritiker es nicht besser oder anders wissen als diejenigen, die er kritisiert, so wie der Literaturkritiker nicht die Pflicht hat, bessere Romane zu schreiben, als die von ihm verrissenen es sind. Dennoch bleibt die Frage, wie die von Chomsky Angesprochenen, wenn sie seine Kritik angemessen finden, an den so überwältigenden Machtstrukturen etwas ändern sollen. Und warum überhaupt der Versuch von Einflußnahme, wenn die im Besitz der Macht befindlichen Großorganisationen – Konzerne, Medien, Regierung – einer von Personen und ihren Absichten losgelösten Logik automatisierter praktischer Imperative folgen?

»Wir können etwas tun, ja, wir haben sogar die Pflicht dazu«, heißt es sinngemäß am Schluß vieler Vorträge von Chomsky. »Und was?« könnte die Frage lauten. »Was immer ihr für richtig haltet«, wäre wohl die Antwort. Chomsky, immerhin, hat seine Praxis gefunden: schreiben und reden gegen die Weltmacht Nr. 1, ihre Verbrechen vor den Augen und Ohren der Welt an den Pranger zu stellen. Der Preis für diese Obsession ist hoch: Eine bis zur physischen Erschöpfung gehende Arbeitsleistung, strapaziöse Vortragsreisen, endlose Interviews und Diskussionen sind das materielle Opfer, das er zahlt. Das ideelle Opfer ist der Text, an dem er seit Jahrzehnten schreibt, ein einziger Text aus vielen Büchern und Artikeln, der Subtext der Macht, die ihn in Bann geschlagen hat, die er verfolgt und von der er nicht lassen kann, ohne ihrer doch habhaft zu werden.

XVII

Nicht, daß man bei Chomsky von einem *sacrificium intellectus* sprechen dürfte. Er hat keine Lobeshymnen auf totalitäre Parteien oder deren Anführer verfaßt, sich nicht von Arafat oder Ortega oder Castro umarmen lassen oder die Pamphlete maoistischer Gruppen verteilt, um dem Volke zu dienen. Er hat im Westjordanland belagerte Dörfer und in einem Krankenhaus in Ramallah verwundete Palästinenser besucht und an einer Demonstration vor einem Gefängnis teilgenommen. Über all das berichtet er (in *Fateful Triangle*) in sachlichem Ton, ohne sich in den Vordergrund zu spielen. Nichts scheint für Chomsky unwichtiger zu sein als er selbst.

Er ist kein mitreißender Redner und kein brillanter Autor. Seine Diktion ist sachlich, nüchtern bis zur Trockenheit, fast ohne rhetorisches Beiwerk. Kühne Vergleiche, glänzende Metaphern, gewagte Hyperbeln, schmückende Beiwörter fehlen ebenso wie Forderungen, die in schneidendem Ton vorgetragen werden könnten, oder Formulierungen, mit denen die Gunst des Publikums zu erheischen wäre.

Bisweilen erlaubt er sich ein wenig Sarkasmus: »Tony Blair wird als Schoßhund von Bush bezeichnet. Das ist falsch. Man sollte ihn eher seinen Kampfhund nennen.« Oder er bemerkt über Henry Kissinger: »K. ist immer für einen kleinen Scherz gut.« (Das bezog sich auf Kissingers Äußerung, den Balkan-Völkern fehle es an Verständnis für den westlichen Begriff der Toleranz.) Gelegentlich schreckt er vor drastischen Provokationen nicht zurück: »Roosevelt [war] einer der schlimmsten Rassisten und Geisteskranken der Gegenwartsgeschichte.« Ansonsten gewinnt er die Aufmerksamkeit seiner Zuhörerschaft mit anderen Mitteln, zuvörderst mit einer einfachen, wissenschaftlichen Fachjargon jeglicher Art vermeidenden Sprache. Auch alles sonst, was einen wissenschaftlichen Diskurs üblicherweise ausmacht – Abstraktionen, Deduktionen, Definitionen usw. –, findet sich in seinen Schriften und Vorträgen nicht. Statt dessen operiert er mit konkreten Beispielen, zählt Ereignisse, Tatsachen, Zahlen, Umfrageergebnisse auf, nennt Personen und Orte und durchsetzt dies alles, wie gesagt, mit Hunderten von Zitaten, die seine These von der Schrecklichkeit der Verbrechen, der Rücksichtslosigkeit der Konzerne und der Verlogenheit der Medien untermauern.

Am Ende hat er vor seinem Publikum ein beeindrukkendes Gebäude errichtet, massiv und bedrohlich wie die viktorianische Villa in Hitchcocks *Psycho*. In den oberen Stockwerken dieses Hauses wohnen die Reichen und Mächtigen, im Mezzanin und Parterre die Mittelschichten, im verwinkelten Souterrain zusammengedrängt die Armen, und im Keller werden die Opfer der Gewalt von den Schergen der Macht gefoltert und getötet – *atrocities, massacres, atrocities*, seit Jahrhunderten.

Was sind das für Texte, die mit dem Pathos der Nüchternheit eine an Opfern so reiche Politik beschreiben? Wissenschaftlich sind sie, aus den genannten Gründen, nicht. Auch nicht journalistisch, weil sie nicht, wie bei Reportagen üblich, vor Ort recherchieren. Zur politischen Philosophie leisten sie keinen Beitrag, weil sie begriffliche Bestimmungen und Ableitungen verweigern. Und zur historischen Abhandlung fehlt ihnen die systematische Auswertung der Quellen, während die polemisch-fordernde Diktion und flammende Rhetorik des typischen Pamphlets (»*Friede den Hütten – Krieg den Palästen!*«) ihnen ebenfalls abgeht. Dennoch vereinigen sie in sich Elemente aller dieser Diskursformen: Thesen werden aufgestellt und anhand von empirischen Daten und Materialien erhärtet; Recherchen werden angestellt, um unterschiedliche oder defiziente Darstellungsweisen von Ereignissen zu dokumentieren, die als Zitate in den Text einfließen; moraltheoretische Argumente dienen, wie reduziert auch immer, als Bewertungskriterien für politisches Handeln und journalistische Berichterstattung; historische Abläufe werden kritisch rekonstruiert; und polemische Invektiven gehören, wenn auch eher beiläufig, zum Fundus des rhetorischen Vokabulars.

Hinter diesen Diskurselementen verschwindet der Autor, insofern dessen klassisches Merkmal das Ordnungsprinzip des persönlichen Stils und (oder) der kohärenten, zielbestrebten Argumentation ist. Chomskys Texte sind »dezentriert«, sie kreisen um den Begriff der Macht, sie kreisen ihn ein, aber sie kreisen um ein negatives Kraftfeld, um ein Schwarzes Loch. Deshalb gibt es in seinem politischen Denken keinen Fortschritt; es gibt keine Geschichte der Macht, nur unterschiedliche Szenarien ihrer Ausübung. Eben deshalb gibt es auch keinen wirklichen Fortschritt: Der Kampf der englischen *Levellers* im 17. Jahrhundert ist nichts anderes als der Kampf der Sandinisten, der Vietnamesen, der Kurden 300 Jahre später. Wo ein Aufstand sich regt, das Begehren nach Freiheit, Gleichheit, Gerechtigkeit laut wird, schlägt die Macht zu, früher oder später. Sie selbst aber ist ein Negativum, ist, als sichtbares Phänomen, nichts als Gewalt im reinen Interesse der Selbsterhaltung. Macht ist nicht produktiv, eröffnet keine Perspektiven, und das gilt in letzter Hinsicht auch für Chomskys obsessive Beschreibungen. Sie wollen sich den Prinzipien von Macht und Herrschaft verweigern, darum sind sie anarchistisch, besser noch: anarchisch, konzipiert: Sie verweigern die Zentralperspektive, sie tun nichts, als der Macht den leeren Blick zurückzuspiegeln, um ihr zu zeigen, was sie nicht sehen kann – die leeren Augen ihrer Opfer. Darin liegt die

Bedeutung dieser Texte, und ihre Vergeblichkeit. Sie opfern den Begriff um der Opfer willen. Warum mußten und müssen sie sterben, Hunderttausende und Millionen, in Vietnam, Kambodscha, Ost-Timor, Indonesien, Haiti, den Philippinen, El Salvador, Tschetschenien, Chile, Panama, Palästina, Libanon usw. usf.? Die Frage ist nicht neu, nichts von dem, was Chomsky sagt, ist wirklich neu, und er erhebt auch keinen Anspruch auf Originalität. Er will die Wahrheit von den Dächern schreien, bis irgendwann einmal alle sie hören, und was dann geschieht, ist nicht vorhersagbar. Die Idee einer von Macht und Gewalt befreiten Welt ist, das weiß Chomsky, Utopie, Nicht-Ort. Ob sie es bleibt, weiß keiner.

XVIII

Für Chomsky handeln die politischen Akteure im Auftrag der Institutionen, denen sie angehören. Es sind, mit Marx gesprochen, »Charaktermasken«, denen den Anschein von Subjektivität und Individualität zu verleihen Aufgabe der PR-Betriebe, also weiterer Institutionen, ist. Der personalisierte Präsidentschaftswahlkampf in den USA suggeriert inhaltliche Differenzierungen, die das politische System realiter nur auf der Erscheinungsebene zuläßt. (Aber hätte es mit Al Gore auch einen Irak-Krieg gegeben?) Wie ein solches System zu bekämpfen, gar zu besiegen sei, darauf gibt Chomsky, wir sahen es, keine klare Antwort. Einige linguistische Revolutionen, von der generativen Grammatik bis hin zum »minimalistischen Programm«, hat er selbst initiiert, jedoch immer wieder beteuert, daß es zwischen seinen politischen und seinen sprachwissenschaftlichen Auffassungen keine direkte Verbindung gibt. Das ist insofern richtig, als man den politischen Aktivisten verstehen und seine Anschauungen befürworten oder ablehnen kann, ohne sich um den Linguisten kümmern zu müssen (und umgekehrt). Daraus und aus der Einfachheit seines Politik-Modells, dessen Universalismus nichts – oder fast nichts – mit der Idee einer universellen Grammatik zu tun hat, erklärt sich sein Einfluß auf die neueren sozialen Bewegungen, die sich dem Kampf gegen die Globalisierung, für die Durchsetzung der Menschenrechte und um die Erhaltung der natürlichen Umwelt verschrieben haben, ohne sich dabei mit aufwendigen und mittlerweile ohnehin als obsolet geltenden Theorien à la Marxismus belasten zu wollen.

Chomskys Erfolg ist ein Effekt dieser Umschichtungen, die nach dem Zerfall des sozialistischen Systems den Raum des Politischen verändert haben, ohne daß Chomsky darum sein Modell der Negativität asymmetrischer Machtverhältnisse hätte ändern müssen. Weil er immer schon die US-Politik kritisiert hat, kann er sie jetzt, da die Vereinigten Staaten endgültig zum entscheidenden Faktor der ökonomischen und politischen Globalisierung geworden sind, um so heftiger kritisieren – 24 Bücher seit 1989 sprechen, zusammen mit dem sich verschärfenden Tonfall, eine deutliche Sprache. Es ist die der institutionalisierten Kritik.

De facto nämlich trifft das, was Chomsky über die Repräsentanten politischer Macht sagt, mittlerweile auch auf ihn selbst und sein Werk zu: Der Text ist die Institution, ein von Regeln zur Erzeugung bestimmter Sätze und Satzfolgen beherrschter Mechanismus, in dem der Autor sich eingerichtet hat wie weiland Hieronymus im Gehäus. Was der Text in vielen einzelnen Texten sagt, ist bekannt, was er sagen wird, vorhersehbar. Mit der Präzision eines Uhrwerks reihen sich die Zitate, die Beispiele, die Kommentare, die Folgerungen aneinander. Für andere Gedanken, für Abschweifungen, Perspektivenwechsel, Diskussion bleibt kein Raum, keine Zeit. Ist die Textmaschine erst in Gang gesetzt, strebt sie auf gebahnten Wegen ihrem Ziel, das sie nicht hat, entgegen. Ist das Universum auch düster, will es doch durchmessen sein, zumeist mit großer Geschwindigkeit. Wer innehalten will, um sich die Einrichtungen der Macht oder ihre Schädelstätten genauer anzusehen, die Opfer zu betrachten und nicht nur zu zählen, muß den Zug verlassen.

»Chomsky«, mittlerweile fast ein Markenname für US-kritische Analysen, ist weniger der Autor als vielmehr das Resultat seiner politischen Schriften – ein Gedanke, der ihm selbst nicht fremd zu sein scheint, wenn er anmerkt, daß jeder andere das tun könnte, was er, Chomsky, tut, vorausgesetzt, er hat die zeitlichen und methodischen Möglichkeiten, um die notwendigen Informationen zu beschaffen und zu sichten.

Ob die Weltverhältnisse wirklich so einfach sind, daß, wie Chomsky behauptet, selbst ein Fünfzehnjähriger sie analysieren könnte, bleibe dahingestellt, aber seine politische »Universalgrammatik« läßt sie so erscheinen: Ein begrenzter Set von Grundsätzen und Regeln reicht aus, um eine prinzipiell unbegrenzte Anzahl politischer Handlungen zu beschreiben. Anthropologische, psychologische, philosophische, geschichtstheoretische Erwägungen sind überflüssig, weil die Sprache der Institutionen die Imperative des Handelns immer schon vorgibt, so wie die Sprache der institutionalisierten Kritik immer schon vorgibt, was wie zu kritisieren ist. In einer Welt, die sich rasant zu verändern scheint, bleiben die Untaten der Macht und die Kritik daran Elemente der Stabilität, und darin liegt, bei aller

Untröstlichkeit, etwas Tröstliches, weil Verläßliches. Das Thema David vs. Goliath ist auf Dauer gestellt; ein minimalistisches Programm mit bekannten Akteuren auf wechselnden Schauplätzen, dessen Ausgang, so steht zu befürchten, kein Happy end haben wird.

XIX

Der Titel eines Essays, den Chomsky der Beschreibung eines Kampfes gewidmet hat, lautet »David gegen Goliath«. Den Kampf führte und führt, in wechselnden Besetzungen, die US-Regierung seit Jahrzehnten gegen Kuba, zunächst mit der Invasion in der Schweinebucht, die katastrophal danebenging, dann mit der Raketenkrise, des weiteren mit (dilettantischen) Mordversuchen gegen Castro, schließlich mit einem seit vierzig Jahren währenden, völkerrechtswidrigen Handelsembargo. Genutzt hat es nichts: Der *máximo líder* regiert noch immer (wenngleich sich die begeisterte Zustimmung der Kubaner mittlerweile abgekühlt hat), immer noch gibt es den US-Stützpunkt in Guantánamo Bay; zuletzt wurden dort Al-Qaida-Verdächtige unter kriegsrechtlich höchst bedenklichen Umständen festgehalten, doch niemals wieder haben die USA eine Invasion der Insel in Angriff genommen. Sicher, das Embargo zeigt Wirkung, seitdem die einstmals von der UdSSR gewährte Unterstützung ausbleibt, der Dollar ist die heimliche Währung, und die Prostitution, die unter Batista florierte, gedeiht jetzt im Verborgenen. Die Hoffnung, wie vage sie auch immer gewesen sein mag, daß Kuba ein Modell sein könnte für andere Staaten Lateinamerikas und der Karibik, ist dahin. Unverdrossen aber hält Chomsky daran fest, weil »die Regierung ... mehr Ärzte in viele notleidende Länder der Erde schickt als jeder andere Staat und zudem ein Gesundheitssystem aufrechterhält, das die Vereinigten Staaten beschämen muß«. Und wieder fordert er, weil zwei Drittel der US-Bevölkerung gegen das Embargo sind, »den notwendigen Druck auf unsere Regierung auszuüben«, um die Sanktionen aufzuheben. Das wird ganz sicher nicht geschehen, auch deshalb, weil Menschen, die sich bei Umfragen gegen oder für etwas aussprechen, noch lange nicht bereit sind, auch Druck auszuüben, zumal wenn sie nicht wissen, wie sie das machen sollen. Aber der Hinweis auf David und Goliath ist instruktiv, gerade weil er als Vergleich auf keiner Ebene stimmt. David, wir wissen es, hat Goliath erlegt; Kuba hat, schlecht und recht, überlebt; das mag ein Sieg sein, aber es ist ein Pyrrhussieg. Die Bevölkerung der USA könnte der David sein, der die Regierung bezwingt, wenn, ja wenn nicht die Medien wären, die alles, was wichtig ist, verschweigen, vertuschen, verdrehen, verleugnen. »Ah, si le Roi savait!« hieß es im absolutistischen Frankreich, wenn es der König nur wüßte. Wenn es die Bevölkerung nur wüßte!, seufzt Chomsky und tut, bis zur Selbstaufgabe, alles dafür, daß sie es erfährt, noch ein David, der Stein um Stein, Buch um Buch gegen die Regierung schleudert. Immer trifft er, aber Goliath stürzt nicht.

Fort also mit David und Goliath. Denn in seinem jahrzehntelangen Kampf hat Chomsky längst die Gestalt eines Herkules angenommen, der unermüdlich gegen die Lernäische Hydra – Konzerne, Medien, Regierung – angeht. Wir schauen zu, gebannt: Wird er, die Fackel der Aufklärung in der Hand, das ständige Nachwachsen der Köpfe irgendwann eindämmen können? Wünschen wir ihm die Kraft dazu. Mit den Äpfeln der Hesperiden wüßte er ohnehin nichts anzufangen.

Anmerkungen

Lukan (S. 65):»Die siegreiche Sache hat den Göttern gefallen, doch die besiegte dem Cato« – macht in seinem unvollendeten Werk *Pharsalia* über den Bürgerkrieg zwischen Caesar und Pompeius den jüngeren Cato (Marcus Porcius C., genannt *Uticensis*, 95–46) zum Helden des republikanischen Widerstands gegen die caesarischen Machtgelüste.

Farblose grüne Ideen … (S. 65): Chomskys berühmtes Beispiel für einen syntaktisch einwandfreien, semantisch jedoch sinnlosen Satz, dem man allerdings seit Entstehen der Umweltbewegung und ihren »grünen Ideen« einen metaphorischen Sinn zuzusprechen geneigt sein könnte.

Augustinus (S. 66): Die Anekdote wird im IV. Buch von *De Civitate Dei* (Vom Gottesstaat) wiedergegeben. In diesem Zusammenhang bemerkt Augustinus auch, daß Staaten, die nicht von der Gerechtigkeit regiert würden, lediglich große Räuberbanden seien.

Thomas Pynchon (S. 87): Der Essay über Orwell erschien auf deutsch unter dem Titel »Sein Zorn war ihm kostbar« in der *Frankfurter Allgemeinen Zeitung* vom 21. Juni 2003 (S. 39).

Günter Krabbe (S. 91): Der Bericht erschien unter dem Titel »Kopf ab, und schon ist der Frieden da« in der *Frankfurter Allgemeinen Zeitung* vom 20. Juni 2003 (S. 40).

Adrian Hastings (S. 99): Die Rezension erschien unter dem Titel »Chomsky and Kosova – book review« im *Bosnia Report* (Juli–September 2000).

Robert F. Barsky (S. 101): Die Zitate stammen aus der deutschen Ausgabe der Biographie: *Noam Chomsky. Libertärer Querdenker* (Edition 8: Zürich 1999; übers. von Stefan Howald), S. 249, 224.

CHOMSKY UND DIE POLITIK

POUM (S. 103): Partido Obrero de Unificación Marxista; eine Partei der undogmatischen Linken, die neben den Stalinisten und den Anarchisten im Spanischen Bürgerkrieg gegen Franco kämpfte.

Rudolf Rocker (S. 104): Das Zitat stammt aus dem 4. Kapitel von *Nationalism and Culture.*

Wilhelm von Humboldt (S. 104): Zur Kritik vgl. Stefan Howalds Anmerkungen zur Barsky-Biographie, a. a. O., S. 311. – Das Zitat aus den *Ideen* findet sich im Abschnitt III,3.

Falsche Voraussagen ... (S. 107): Die Zitate stammen aus *War Against People* (Europa Verlag: Hamburg/Wien 2001), S. 77.

Thomas Hobbes (S. 110): Sein Hauptwerk, der *Leviathan* – eine der einflußreichsten Schriften der politischen Philosophie – erschien zuerst 1651. Das Zitat ist dem 13. Kapitel von Teil I entnommen.

Robert McChesney (S. 115): Zum Zitat vgl. die »Einleitung« zu Chomskys *Profit Over People* (Europa Verlag: Hamburg/Wien 2000), S. 16.

Revolutionäre Praxis (S. 115): Das Zitat findet sich in *Understanding Power* (The New Press: New York 2002), S. 339.

Carl Schmitt (S. 117): Zur Unterscheidung von Freund und Feind vgl. seine zuerst 1932 erschienene Schrift *Der Begriff des Politischen* (Neuaufl. mit einem Vorwort und drei Corollarien bei Duncker & Humblot, Berlin 1963 u. ö.).

BIBLIOGRAPHIE

Aufgenommen wurden fast ausschließlich Buchpublikationen; die Liste der linguistischen Veröffentlichungen stellt eine umfassende Auswahl der wichtigsten Werke dar.

A. Politische Schriften

American Power and the New Mandarins. 1969. (*Amerika und die neuen Mandarine. 1969.*)

At War with Asia. 1970. (*Im Krieg mit Asien. Bd. I: Indochina und die amerikanische Krise; Bd. II: Kambodscha, Laos, Nordvietnam. 1972.*)

Problems of Knowledge and Freedom: The Russell Memorial Lectures. 1971. (*Über Erkenntnis und Freiheit. 1973.*)

For Reasons of State. 1973. (*Aus Staatsräson. 1974.*)

Peace in the Middle East? 1974.

Human Rights and American Foreign Policy. 1978.

Language and Responsibility. 1979. (*Sprache und Verantwortung. Gespräche mit Mitsou Ronat. 1981.*)

Radical Priorities. Hg. von Carlos Otero. 1981.

Towards a New Cold War: Essays on the Current Crisis and How We Got There. 1982.

Fateful Triangle: The United States, Israel and the Palestinians.

1983; erweiterte Ausgabe 1999. (*Offene Wunde Nahost: Israel, die Palästinenser und die US-Politik. 2002; veränd. Neuausgabe 2003.*)

Turning the Tide: U. S. Intervention in Central America and the Struggle for Peace. 1985. (*Vom politischen Gebrauch der Waffen: Ein Beitrag zur politischen Kultur der USA. 1988.*)

Pirates and Emperors: International Terrorism in the Real World. 1986. Erweiterte Neuausgabe u. d. T.: Pirates and Emperors, Old and New: International Terrorism in the Real World. 2002.

On Power and Ideology: The Managua Lectures. 1987. (*Die Fünfte Freiheit: Über Macht und Ideologie. 1988.*)

The Chomsky Reader. Hg. von J. Peck. 1987.

The Culture of Terrorism. 1988.

Language and Politics. Hg. von Carlos Otero. 1988.

Necessary Illusions: Thought Control in Democratic Societies. 1989. (*Media Control: Wie die Medien uns manipulieren. 2003.*)

Deterring Democracy. 1991. Erweiterte Ausgabe 1992.

Terrorizing the Neigborhood: American Foreign Policy in the Post-Cold War Era. 1991.

Chronicles of Dissent. 1992.

What Uncle Sam Really Wants. 1992. (*Was Onkel Sam wirklich will. 1993.*)

Letters from Lexington: Reflections on Propaganda. 1993.

The Prosperous Few and the Restless Many. 1993.

Rethinking Camelot: JFK, the Vietnam War, and U. S. Political Culture. 1993.

Year 501: The Conquest Continues. 1993. (*Wirtschaft und Gewalt: Vom Kolonialismus zur Neuen Weltordnung. 1995. Zweite Auflage 2001.*)

Keeping the Rabble in Line. 1994.

World Orders, Old and New. 1994. Erweiterte Ausgabe 1996.

Secrets, Lies, and Democracy. 1994.

Powers and Prospects: Reflections on Human Nature and the Social Order. 1996.

Class Warfare. 1996.

The Common Good. 1998.

Profit Over People: Neoliberalism and Global Order. 1998. (*Profit Over People: Neoliberalismus und globale Weltordnung. 2000.*)

The New Military Humanism: Lessons from Kosovo. 1999. (*Der neue militärische Humanismus: Lektionen aus dem Kosovo. 2000.*)

Rogue States: The Rule of Force in World Affairs. 2000. (*War Against People: Menschenrechte und Schurkenstaaten. 2001.*)

A New Generation Draws the Line: Kosovo, East Timor and the Standards of the West. 2000. (*People Without Rights: Kosovo, Ost-Timor und der Westen. 2002.*)

Chomsky on MisEducation. Hg. und eingel. von D. Macedo. 2000.

9-11. Hg. von Greg Ruggiero. 2001. (*The Attack: Hintergründe und Folgen. 2002.*)

Propaganda and the Public Mind. 2001.

Understanding Power. Hg. von Peter R. Mitchell und John Schoeffel. 2002. (*Erscheint auf deutsch 2004.*)

Middle East Illusions: Reflections on Justice and Nationhood. 2003.

Chomsky on Democracy and Education. Hg. von Carlos Otero. 2003.

Power and Terror: Post 9-11 Talks and Interviews. 2003. (*Erscheint auf deutsch 2004.*)

Hegemony or Survival? 2003. (*Hybris. 2003.*)

In Zusammenarbeit mit Edward Herman

Counterrevolutionary Violence: Bloodbaths in Fact and Propaganda. 1973.

The Political Economy of Human Rights. Bd. I: The Washington Connection and Third World Fascism; Bd. II: After the Cataclysm: Postwar Indochina and the Reconstruction of Imperial Ideology. 1979.

Manufacturing Consent: The Political Economy of the Mass Media. 1988. Erweiterte Ausgabe 2002.

Sonstige auf deutsch erschienene Bände

Arbeit – Sprache – Freiheit. Essays und Interviews zur libertären Transformation der Gesellschaft. Hg. von Peter Peterson. 1987.

Clintons Vision: Freier Markt und Abschottung. 1992.

Die Herren der Welt: Konturen der US-amerikanischen Innen- und Außenpolitik in der »Neuen Weltordnung«. Vier Aufsätze. Hg. von Klaus Haag. 1993.

Wege zur intellektuellen Selbstverteidigung: Medien, Demokratie und die Fabrikation von Konsens. 1996. (OT: Mark Achbar [Hg.]: Manufacturing Consent: Noam Chomsky and the Media. 1994.)

Haben und Nichthaben: Gespräche mit David Barsamian. 1998.

Sprache und Politik. Hg. von Michael Schiffmann. 1999.

Die politische Ökonomie der Menschenrechte: Aufsätze 1996–98. 1999.

Die Mächte und ihre Zukunft: Der Mensch und die globale Gesellschaft. 1999.

B. Linguistische Schriften

Syntactic Structures. 1957. (*Strukturen der Syntax. 1973.*)

Verbal Behavior by B. F. Skinner; Rezension. In *Language* 35, S. 26–58. 1959.

Current Issues in Linguistic Theory. 1964.

Aspects of the Theory of Syntax. 1965. (*Aspekte der Syntax-Theorie. 1969.*)

Cartesian Linguistics: A Chapter in the History of Rationalist Thought. 1966. (*Cartesianische Linguistik: Ein Kapitel in der Geschichte des Rationalismus. 1971.*)

Topics in the Theory of Generative Grammar. 1966. (*Thesen zur Theorie der generativen Grammatik. Mit einem Interview von Herman Parret. 1974.*)

Language and Mind. 1968. (*Sprache und Geist. Mit einem Anhang: Linguistik und Politik. 1970.*)

BIBLIOGRAPHIE

Studies on Semantics in Generative Grammar. 1972.
The Logical Structure of Linguistic Theory. 1975.
Reflections on Language. 1975. (*Reflexionen über die Sprache.*
1977.)
Essays on Form and Interpretation. 1977.
Morphophonemics of Modern Hebrew. 1979.
Rules and Representations. 1980. (*Regeln und Repräsentationen.*
1981.)
Lectures on Government and Binding: The Pisa Lectures. 1981.
Modular Approaches to the Study of the Mind. 1984.
Knowledge of Language: Its Nature, Origin and Use. 1985.
Barriers. 1986.
Language in a Psychological Setting. 1987.
Generative Grammar: Its Basis, Development, and Prospects.
1987.
Language and Problems of Knowledge: The Managua Lectures.
1988. (*Probleme sprachlichen Wissens. 1996.*)
A Minimalist Program for Linguistic Theory. 1992.
Some Concepts and Consequences of the Theory of Govern-
ment and Binding. 1992.
Language and Thought. 1993.
The Minimalist Program. 1995.
New Horizons in the Study of Language and Mind. 2000.
The Architecture of Language. Hg. von Nirmalangshu Mukherji
u. a. 2000.

In Zusammenarbeit mit Morris Halle
The Sound Pattern of English. 1968.

Auf den folgenden Seiten bitten wir um Aufmerksamkeit
für unsere Chomsky-Edition.

Noam Chomsky

geboren 1928, studierte Linguistik mit Schwerpunkt Hebräisch. Seit 1961 ist er Professor am Massachusetts Institute of Technology und seit
1966 außerdem Inhaber des
Ferrari-Ward-Lehrstuhls für
Moderne Sprachen und Lin-
guistik. Chomsky ist Autor
zahlreicher vielbeachteter Bücher zu Themen der Linguistik, Philosophie und Politik
und gehört »zu den letzten
prominenten Intellektuellen,
die überhaupt noch bereit sind,
gegen den überwältigenden
konformistischen Meinungs-
strom zu schwimmen« (SWR).

Im Europa Verlag bisher erschienen:

Profit Over People. Neoliberalismus und globale Weltordnung

War Against People. Menschenrechte und Schurkenstaaten

People Without Rights. Kosovo, Ost-Timor und der Westen

The Attack. Hintergründe und Folgen

Offene Wunde Nahost. Israel, die Palästinenser und die US-Politik

Media Control. Wie die Medien uns manipulieren

Weitere Werke in Vorbereitung

Das neue Buch von Noam Chomsky:
Hegemoniestreben um jeden Preis

Noam Chomsky
Hybris
Die endgültige Sicherung der globalen Vormachtstellung der USA
Übersetzt von Michael Haupt
Ca. 272 Seiten
Gebunden, mit Schutzumschlag
€ [D] 19,90/sFr 33,10/€ [A] 20,50
ISBN 3-203-76016-9

Die US-amerikanische Aufrüstung des Weltalls läuft auf Hochtouren. Die Angst vor atomwaffenbestückten Interkontinentalraketen führte in den achtziger Jahren zur »Strategic Defense Initiative« (SDI). Die heutige Variante heißt »Ballistic Missile Defence« (BMD). Die Kosten sind gigantisch, und die Wirksamkeit der Strategie ist und bleibt fragwürdig in Zeiten, da hochwirksame Mini-Atombomben durchaus in einem Koffer ins Land geschmuggelt werden können und islamische Terroristen auf schreckliche Weise demonstrieren, was für verheerende Zerstörungen sie anrichten können.

Noam Chomsky begründet in seinem neuen, unerhört aktuellen Buch seine These, daß es den Vereinigten Staaten mitnichten um eine sinnvolle Sicherung des nationalen Überlebens geht, sondern einzig und allein um die Ausweitung und endgültige Sicherung der weltweiten US-Vorherrschaft. Chomskys provokante These gipfelt in einer Paradoxie: Hegemonie *oder* Überleben.

»Sein vordergründiger Pessimismus lebt von einem tief verwurzelten Glauben an die republikanische Tradition in den USA. An diese appelliert er, sie will er wachrütteln – eben weil sie die Kraft zum Widerständigen, zur Selbstheilung noch nicht verloren hat.«
Die Zeit

Wie die Medien zur staatlichen Propaganda werden und unser tägliches Leben manipulieren

Noam Chomsky
Media Control
Wie die Medien uns manipulieren
Übersetzt von Michael Haupt
256 Seiten
Gebunden, mit Schutzumschlag
€ [D] 19,90/sFr 33,10/€ [A] 20,50
ISBN 3-203-76015-0

Zum einen sind die Medien – ohne direkter staatlicher Kontrolle zu unterliegen – Propagandainstrumente der Außenpolitik, zum anderen dienen sie der gesellschaftlichen Herstellung von Konsens, unterdrücken Nachrichten, die die Bevölkerung verunsichern könnten, mildern sie ab, so daß an der Einstellung der politischen Führung kein Zweifel aufkommt.

Chomskys »Propagandamodell« bietet eine ebenso pointierte wie überzeugende Antwort auf die Frage, warum demokratisch gewählte Regierungen, im Gegensatz zu »Schurkenstaaten«, auch dann keine Verbrechen begehen, wenn sie Angriffskriege planen und durchführen oder in Spannungsgebiete Waffen liefern, die für tausendfachen Mord an der Bevölkerung eingesetzt werden.

»Chomsky analysiert beispielhaft die militärischen Interventionen der USA in Asien und Mittelamerika. Er zeigt auf, wie sich Medien für Propaganda-Zwecke der Administration einsetzen lassen. Letztendlich wird dem Leser des neuen Chomsky-Werkes deutlich: Trotz Meinungsmache durch Regierung und unkritische Medien wehren sich immer mehr Menschen gegen neoliberale Ideologien. ›Intellektuelle Selbstverteidigung‹ ist Chomskys Forderung.«
Neues Deutschland

Welche Chancen hat Israel?
Und welche haben die Palästinenser?

Noam Chomsky
Offene Wunde Nahost
Israel, die Palästinenser und die
US-Politik
Übersetzt von Michael Haupt
Aktualisierte, erweiterte Neu-
ausgabe
368 Seiten
Broschur
€ [D] 14,90/sFr 25,80/€ [A] 15,40
ISBN 3-203-76017-7

Durch die Irak-Krise zeitweilig
zwar aus den Medien verdrängt,
wütet der Bürgerkrieg in Palästina
doch heftiger denn je. *Offene
Wunde Nahost* ist eines der ge-
wichtigsten Werke Chomskys und behandelt das schicksalhafte
Verhältnis zwischen Israel, den Palästinensern und den USA. Für
diese Neuausgabe wurde das Buch aktualisiert.
Sachlich und nüchtern – basierend vor allem auf israelischer Dokumenten, aber auch alternativen und vergrabenen Quellen sowie eigenen Reiseerfahrungen im Nahen Osten – übt Noam
Chomsky scharfe Kritik an der Palästina-Politik Israels und Amerikas. Der PLO und den arabischen Regierungen wirft Chomsky
(selbst-)zerstörerische Maßnahmen vor und untersucht die Hintergründe.

»Die *Offene Wunde Nahost* bildet die dringend benötigte korrek-
tive Lesart eines Konflikts, der in der israelischen und oft auch
amerikanischen Öffentlichkeit ziemlich einseitig, und zwar zugunsten Israels, wahrgenommen wird. Man muß dieses Buch
gelesen haben, um verstehen zu können, daß und warum die
Wunde Nahost sich nicht schließen kann.«
Frankfurter Rundschau

Chomskys Bestseller über den Zusammenhang von Krieg und Terrorismus

Noam Chomsky
The Attack
Hintergründe und Folgen
Übersetzt von Michael Haupt
104 Seiten
Broschur
€ [D] 9,90/sFr 18,40/€ [A] 10,20
ISBN 3-203-76013-4

Noam Chomskys Analyse der Anschläge vom 11. September und des Zusammenhangs von Terrorismus und Krieg. Chomsky fragt: Läßt sich eine Organisation wie die von bin Laden mit Bomben bekämpfen? Ist der Terroranschlag, so grausam und verabscheuenswürdig er ist, überhaupt ein kriegerischer Akt im Sinne der UN-Charta? Geht es jetzt, und das heißt auch: jetzt in Zeiten des Irak-Krieges, um den Kampf zweier Kulturen?

Zu diesen und weiteren Fragen äußert sich Noam Chomsky gewohnt sachlich und faktenorientiert und zeigt anhand vieler Beispiele aus der Geschichte, daß Terrorismus aus Sicht des mächtigen Westens immer eine Frage des Standpunkts ist: Greifen unsere Feinde an, handeln sie verbrecherisch; greifen wir an, kämpfen wir für den Frieden.

»Es gibt wohl kaum einen US-amerikanischen, politischen Autor, der gerade jetzt wieder in gleichem Maße aktuell und umstritten ist, wie Noam Chomsky ... *The Attack* und *War Against People* gehören zur absoluten Pflichtlektüre für alle, die in der aktuellen Debatte über Terror/Terrorismus auch die andere, die nicht-offizielle Seite kennenlernen möchten. Dem Europa Verlag ist für diese gut gemachte und sorgfältig lektorierte Reihe zu danken.«
International

Fallbeispiele und Analysen: Von der Verlogenheit humanitärer Interventionen

Noam Chomsky
People Without Rights
Kosovo, Ost-Timor und der
Westen
Übersetzt von Michael Haupt
160 Seiten
Broschur
€ [D] 12,90/sFr 23,60/€ [A] 13,30
ISBN 3-203-76012-6

Chomsky, der leidenschaftliche
und hartnäckige Kritiker der US-
amerikanischen Außenpolitik, untersucht zwei Tragödien der
jüngeren Geschichte: den NATO-
Einsatz im Kosovo und den Krieg
Indonesiens gegen die Bevölke-
rung in Ost-Timor. Zwei lehrreiche Beispiele für die fragwürdige
Rhetorik der »humanitären Intervention«.
Im Kosovo verfolgte die NATO vor allem strategische Ziele. Die
den Serben zugeschriebenen Greueltaten waren Alibi ihrer
Kriegsaktionen. Der Beinahe-Völkermord in Ost-Timor hätte
durch Druck auf Jakarta verhindert werden können, doch blieb
die timonesische Tragödie von der Öffentlichkeit weitgehend unbeachtet. Ob interveniert wird oder nicht – Opfer ist in erster Linie die Zivilbevölkerung, deren Verluste als »Kollateralschäden«
verbucht werden. Chomsky zeigt, wie fadenscheinig die moralischen Grundsätze der vorgeblich neuen Außenpolitik des Westens sind.

»Chomsky befaßt sich in diesem Buch vor allem mit dem Krieg in
Ost-Timor und dem Eingreifen der NATO im Kosovo. Chomsky
arbeitet mit Nachweisen und kohärenter Argumentation. Auch
wer anderer Meinung ist, wird viel Anregendes darin finden.«
Zeitschrift für Politikwissenschaft

Die Menschenrechte sind der Vorwand für den Schurkenstaat Nummer eins

Noam Chomsky
War Against People
Menschenrechte und Schurken-
staaten
Übersetzt von Michael Haupt
160 Seiten
Broschur
€ [D] 12,90/sFr 22,60/€ [A] 13,30
ISBN 3-203-76011-8

Nicht die diktatorisch regierten Entwicklungsländer, sondern die USA und ihre Verbündeten sind die eigentlichen Schurkenstaaten, so Noam Chomsky. In seinem Buch stellt er die legalen und humanitären Gründe in Frage, mit denen sie Interventionen bei globalen Konflikten zu rechtfertigen suchen, und zeigt auf, daß ihre Gewaltanwendung zur Sicherung der eigenen Vorherrschaft dient. Klassische Großmachtpolitik heißt immer auch, Gewalt dort einzusetzen, wo sie für Wahrung territorialer und wirtschaftlicher Interessen notwendig scheint. Beispielhaft untersucht Chomsky unter anderem die Irak-Krise, den NATO-Einsatz im Balkan und die Rolle der USA in Lateinamerika, speziell Kuba. »War Against People« knüpft direkt an seinen Bestseller »Profit Over People« an.

»Auch wenn man Chomsky gelegentlich nicht folgen mag, wird man seinen Texten intelligenten Scharfsinn und höchste politische Brisanz nicht absprechen können. Das Buch könnte vor allem der politischen Dimension der Debatte über ›Globalisierung‹ schärfere Konturen verleihen, weil es Chomsky wie wenigen anderen Autoren gelingt, Interessengegensätze zwischen reichen und armen Ländern zu verdeutlichen.«
Frankfurter Rundschau

Eine alarmierende und vernichtende Kritik der »Logik des freien Marktes«

Noam Chomsky
Profit Over People
Neoliberalismus und globale Welt-
ordnung
Übersetzt von Michael Haupt
160 Seiten
Broschur
€ [D] 12,90/sFr 22,60/€ [A] 13,30
ISBN 3-203-76010-X

Wer sagt, er verstünde die Wirtschaft nicht und könne an den politischen Verhältnissen ohnehin
nichts ändern, auch wer das Gere-
de über den »ungezügelten« Kapitalismus und die Globalisierung
leid ist, braucht dieses Buch.
Seine Kritik an »freier« Marktwirtschaft und Neoliberalismus be-
sticht und ermutigt durch Argumente, die historisch und ökonomisch fundiert sind, und durch eine einfache und präzise Sprache, durch einen kompromißlosen, unangepaßten Standpunkt
und nicht zuletzt durch die Hoffnung auf eine Demokratie, die
keine verkappte Diktatur von Märkten und Medien, sondern die
Praxis einer sozialen Bewegung ist.
Weit entfernt von Utopien jeglicher Couleur zeigt Chomsky konkrete Möglichkeiten der Ausübung von Bürgerrechten auf und
appelliert an die Partizipation jedes einzelnen an der Politik.

»Chomsky verblüfft wie immer durch seine Informiertheit, so-
wohl was das große Bild anbelangt als auch die Details. Seine
Untersuchungen bedienen sich ausschließlich allgemein zu-
gänglicher Informationen und dennoch glaubt man nach der Lektüre, privilegierten Zugang zu geheimdienstlichen Materialien erhalten zu haben.«
Der Standard

Dieses Buch entlarvt die Mythen der globalen Ökonomie und eröffnet Wege zu einer gerechteren Weltordnung

Charles Derber
One World
Von globaler Gewalt zur sozialen
Globalisierung
Übersetzt von Wolfgang Spindler
256 Seiten
Gebunden, mit Schutzumschlag
€ [D] 19,90/ sFr 33,10/€ [A] 20,50
ISBN 3-203-76150-5

Eine Neudefinition der Globalisierung hat sich in Zeiten von Terror und ökonomischen Turbulenzen zur Frage Nummer eins entwikkelt. Charles Derber legt dar, daß wir das Vermächtnis und die Versprechungen unserer heutigen Globalisierungs-Moral von Grund auf neu bewerten müssen, ebenso wie die grundlegenden Prinzipien des Welthandels insgesamt.

Ihre Befürworter bezeichnen die Globalisierung oft als etwas ganz Neues, als ebenso unausweichlich wie unaufhaltsam, und sie erklären Konsum und Produktion im internationalen Konkurrenzkampf gewissermaßen zum Sinn des menschlichen Miteinanders.

Derber zeigt, daß es im Laufe der Geschichte immer wieder Globalisierungen gegeben hat, die immer wieder korrigiert wurden. Heute stehen wir einmal mehr vor der Aufgabe, diese dringend notwendigen Korrekturen vorzunehmen.

»Mit etwas Glück eröffnet ›One World‹ eine längst nötige Diskussion über die Prinzipien, nach denen sich unsere Welt vereinen sollte.« *Naomi Klein*